U0457046

让营养
唤醒你的力量

体能训练与营养方案

吉林科学技术出版社

图书在版编目（CIP）数据

让营养唤醒你的力量 : 体能训练与营养方案 / 高杉，
侯天琦著 . -- 长春 : 吉林科学技术出版社，2025.6.
ISBN 978-7-5744-2210-0

Ⅰ . G808.1；R151

中国国家版本馆 CIP 数据核字第 202541FL06 号

RANG YINGYANG HUANXING NI DE LILIANG TINENG XUNLIAN YU YINGYANG FANG'AN

让营养唤醒你的力量 体能训练与营养方案

著　者	高 杉　侯天琦	
策 划 人	张晶昱	
出 版 人	宛　霞	
责任编辑	练闽琼	
封面设计	冬　凡	
幅面尺寸	170 mm×240 mm	
开　本	16	
印　张	11	
字　数	170 千字	
版　次	2025 年 6 月第 1 版	
印　次	2025 年 6 月第 1 次印刷	

出　版　吉林科学技术出版社
发　行　吉林科学技术出版社
地　址　长春市福祉大路 5788 号
邮　编　130118
发行部电话 / 传真　0431-81629529　81629530　81629531
　　　　　　　　　　81629532　81629533　81629534
储运部电话　0431-86059116
编辑部电话　0431-81629518
印　刷　德富泰（唐山）印务有限公司

书　号　ISBN 978-7-5744-2210-0
定　价　45.00 元

序 言

　　作为篮球运动爱好者，我深知运动对健康的重要性，以及营养对提升训练效果的关键作用。多年来，通过不断地训练和探索，我不仅提升了篮球技术和体能，还深入了解了科学饮食对运动表现的巨大影响。因此，我决定将自己的经验和心得进行系统整理，写下这本《让营养唤醒你的力量——体能训练与营养方案》，希望帮助更多人在日常运动中获得健康与卓越表现。

　　本书是一本面向普通大众的综合运动指南，精选了六类常见运动项目：篮球、羽毛球、足球、网球、跑步和游泳。这些运动各有特色，但无一例外都需要良好的体能基础作为支撑。体能训练可以在健身房、田径场、篮球场和足球场等地方进行。例如，在健身房进行力量训练，可以通过举重增加肌肉量，提升爆发力和耐力；在田径场上进行短跑训练，可以增强腿部力量和速度；长跑训练则有助于提高体力和心肺功能；游泳是一项全面锻炼身体的运动，不仅可以增强心肺功能，还能锻炼全身的肌肉群。通过这些科学的训练方法，读者不仅可以提升特定运动项目的表现，还能全面提高身体素质。

　　本书特别为健康人群提供了体能的训练方法和营养方案。对于体形较胖的朋友，建议多进行有氧运动，如跑步和游泳，并减少碳水化合物的摄入，以降低体脂率，获得更健康的体形。对于体形较瘦的朋友，则应侧重无氧运动，如举哑铃等力量训练，同时增加碳水化合物的摄入，以增加肌肉量和力量。

无论是哪种体形、选择哪种训练方法，合理的饮食和休息都至关重要。高强度的训练需要充足的营养来支持，合理的休息则是身体恢复和成长的关键。通过科学地安排饮食和休息，读者可以最大限度地发挥训练效果，达到最佳的运动表现。

　　每一次训练不仅是对身体的锻炼，也是对意志的磨炼。通过科学的训练和合理的饮食，运动者不仅提高了运动技巧和体能，还收获了健康的体魄和积极向上的生活态度。我希望本书能成为你在运动道路上的良师益友，帮助你通过科学的体能训练和营养方案，实现健康与卓越的目标。无论你热衷篮球、羽毛球、足球、网球等球类运动，还是偏爱跑步、游泳等耐力项目，都希望你能在运动中找到属于自己的快乐与成就感。

　　《让营养唤醒你的力量——体能训练与营养方案》不仅是我的经验总结，还是我对运动和健康的深切热爱，希望能与你共勉，共同追求卓越。

目 录

下 篇
6 大日常健身运动——体能训练与饮食

第一章 篮球体能训练与饮食

第四章　网球体能训练与饮食

第五章　羽毛球体能训练与饮食

第六章　跑步体能训练与饮食

附录

营养与运动
——激发运动潜能

第一章
营养素全解——打造健康体魄的基石

　　营养是指人体从外界摄取各种食物，经过消化、吸收和代谢，以支持生长、发育和各种生理功能的生物学过程。而经过消化、吸收和代谢能够维持生命活动的物质则称为营养素。简单来说，营养素就是指食物中能为人体提供能量、构成细胞组织、维持生命活动的各种化学物质，主要包括蛋白质、脂类、碳水化合物（也称为糖类）、维生素、矿物质、水和纤维素。

　　根据机体需要量，可将营养素分为宏量营养素和微量营养素两大类别。

　　宏量营养素包括碳水化合物、蛋白质和脂类。碳水化合物是人体主要的能量来源。当碳水化合物供应充足时，身体不需要分解蛋白质来产生能量，可以使蛋白质用于生长和修复组织；蛋白质是一切生命的物质基础，它不仅有助于修复组织损伤、提供能量，还参与身体的代谢过程；脂类则在提供能量、调节体温和维持身体形态等方面发挥着重要的作用。三者因其在能量供应中的关键作用，常被称为"三大营养素"。

　　微量营养素包括维生素和矿物质。常见的维生素包括 B 族维生素和维生素 C 等水溶性维生素，以及维生素 A、维生素 D、维生素 E 和维生素 K 等脂溶性维生素。维生素在人体的生长、发育、健康和疾病防治等方面起着重要作用。在矿物质中，根据其体内含量，又可以进一步细分为常量元素（或宏量元素）和微量元素。常量元素是指在人体内的含量大于体重0.01%的矿物质，包括钾、钠、钙、镁、硫、磷和氯等。微量元素是指在人体内的含量小于0.001%的矿物质，如铁、碘、锌、硒、铜和锰等。长期缺乏必需的微量元素，或者这些元素的水平失衡，可能会影响机体生长发育，造成生理功能异常，诱发多种健康问题。例如，铁元素摄入不足，可能会引起缺铁性贫血，还可能出现疲劳、皮肤苍白、呼吸困难等症状；锌元素缺乏，可能会使免疫系统功能减弱、发育不良、认知能力受损，还可能导致食欲减退、口腔炎症以及夜晚视力下降等；而碘元素不足，则可能引发地方性甲状腺肿大。

对经常进行体育运动的人来说，科学、合理地安排各种营养素的摄入，使身体获得充足的能量和营养支持，有助于肌肉的生长与恢复。因此，为了保持身体健康，保证运动前后机体的良好状态，我们需要学会有效摄入各种营养素，以获取充足的能量。

碳水化合物：能量之王

碳水化合物也称糖类，是一种由碳、氢、氧元素构成的化合物，其分子中氢和氧的比例通常与水分子中的比例一致（2：1）。它是生物体的主要能量来源，是自然界存在最多的有机化合物，主要来自食用糖类、主食、根茎类蔬菜。

碳水化合物作为最有效和首要的能量供应者，其分解产生的葡萄糖能够迅速为身体提供能量，并且在能量释放后，其代谢产物——二氧化碳和水，可以通过消化系统、呼吸系统、泌尿系统及皮肤排出体外。如果体内长期缺乏碳水化合物，不仅会削弱耐力和体力，还可能降低工作和日常活动的效率，出现酮症酸中毒等健康问题。如果这种能量匮乏和代谢失衡的状态持续存在，可能会对健康造成长期损害，甚至影响寿命。

在运动过程中，碳水化合物是肌肉收缩的主要燃料。随着运动强度的提高，肌肉对作为能量来源的碳水化合物的依赖也随之增加。当体内的碳水化合物储备即将耗尽时，运动表现往往会受到影响；反之，通过补充碳水化合物，可以有效地提升运动表现。

碳水化合物的种类

并非所有碳水化合物都以相同的形态存在，不同碳水化合物的功效各不相同，对运动表现的影响也有所差异。根据碳水化合物不同的化学结构，可将其分为 4 类：单糖、双糖、寡糖和多糖。

单糖

单糖是最简单的碳水化合物，不能进一步分解成更简单形式的糖，是构成更复杂的糖类（如寡糖和多糖等其他糖类）的最基本单位。它能被人体直接吸收和利用，主要分为葡萄糖、果糖和半乳糖。

葡萄糖即血糖，是人体最重要的单糖，是细胞代谢过程中的重要中间体，是机体主要的能量来源。它参与糖酵解过程，能够通过三羧酸循环产生 ATP（腺苷三磷酸），为细胞活动提供能量，并且不需要经过消化过程就可以直接被小肠上皮细胞吸收进入血液循环，吸收速度快。因此，在紧急情况下，葡萄糖盐水可以快速补充人体的能量和水分。香蕉、葡萄、鲜枣等都是葡萄糖含量较高的食物。

果糖是天然糖中最甜的一种，其甜度大约是蔗糖的 1.75 倍，主要存在于蜂蜜和苹果、梨等水果中，可以作为制造低热量或无糖食品的甜味剂。在进行长时间运动或体力活动时，果糖可以与葡萄糖一起为人体提供能量。

香蕉与葡萄　　　　　　　　蜂蜜、梨和苹果

半乳糖可在奶类产品或甜菜中找到，是天然存在的，有助于维持肠道内菌群的均衡，增强消化系统吸收其他营养物质的能力。同时，它也能在人体内转化为葡萄糖，为身体供能。

双糖

双糖是由2个单糖分子通过糖苷键连接而成的糖类化合物。其味甜，多为结晶体，易溶于水，只有在消化道中水解为单糖后方能被人体吸收利用。在自然界中，只有蔗糖、乳糖和麦芽糖这三种双糖是以游离状态存在的，其他双糖多以结合形式存在。

蔗糖由1分子葡萄糖和1分子果糖组成，能够在胃中转化成葡萄糖和果糖，为脑组织及人体的肌肉活动等提供能量，还能够在肝脏和肌肉中以糖原的形式贮存。蔗糖在植物界广泛分布，可以从甘蔗、甜菜以及其他水果中得到。我们日常食用的白糖、红糖等也都属于蔗糖。

甘蔗

红糖

乳糖是存在于哺乳动物乳汁中的双糖，是由1分子葡萄糖和1分子半乳糖缩合而成。在小肠内，乳糖经乳糖酶的作用被分解为葡萄糖与半乳糖，这些单糖随后被吸收进入血液中，为人体供应能量。乳糖还能够保持肠道的酸碱平衡，促进肠道益生菌（如乳酸菌）的繁殖，有助于改善肠道功能。若体内乳糖酶缺少可能会引起乳糖不耐受症，出现腹胀、腹泻等症状。对于这类

麦芽糖

人群，推荐选择低乳糖或无乳糖的乳制品。

麦芽糖由 2 分子葡萄糖组成，呈白色针状晶体，易溶于水，可被人体消化、吸收，转化为葡萄糖后为人体提供能量。其甜度约为蔗糖的 1/3，大量存在于发芽的谷粒，特别是麦芽中，常被用作甜味剂。

寡糖

寡糖是指由 3 ～ 10 分子单糖构成的聚合物，是一种新型功能性糖源，常见的有棉籽糖、水苏糖、异麦芽寡糖等。它能够促进肠道中双歧杆菌等有益菌群的增殖，抑制有害细菌的生长，有助于改善肠道微生态环境，减少肠道内腐败物质的生成。此外，寡糖还能够改善血脂代谢，降低血液中的胆固醇和甘油三酯含量，预防心血管疾病，在维持人体健康方面扮演着重要的角色。

大部分寡糖不直接刺激胰岛素分泌，不会导致血糖升高，因而被广泛应用于制作乳制品、乳酸菌饮料、双歧杆菌酸奶、谷物食品和保健食品，适合高血糖患者和糖尿病患者食用。

多糖

多糖是一种由 10 个以上以化学方式连接的单糖分子组成的碳水化合物，无甜味，不易溶于水，经消化后可分解为单糖。淀粉、纤维素和糖原等都是重要的多糖。

多糖中最常见的种类为淀粉。植物细胞中通常都含有淀粉颗粒，如马铃薯、小麦、玉米和水稻等谷物均含有丰富的淀粉，是人类重要的食物来源。淀粉在被食用后，首先在口腔中被唾液淀粉酶分解成麦芽糖。剩余未被分解的淀粉进入小肠，在胰淀粉酶和肠淀粉酶的作用下进一步分解成麦芽糖。最终，麦芽糖在胰麦芽糖酶和肠麦芽糖酶的作

小麦

马铃薯

用下被分解成葡萄糖，为身体提供能量。

纤维素是植物细胞壁的主要成分，也是木材的主要成分之一。它所形成的网状纤维结构可保护和构建细胞、保持细胞和生物体形状。人体的消化系统中没有能水解纤维素的酶，因此纤维素不能作为营养物质，但它可刺激肠道蠕动，帮助胃肠道消化食物。

糖原是在动物细胞中贮存的多糖，又称动物淀粉。大多数糖原贮存于肝脏和肌细胞中。碳水化合物摄入量过多时，除转化为脂肪外，还会以糖原的形式贮存于肝脏和肌肉中。当机体能量供给不足时，糖原就会分解为葡萄糖，为机体提供能量。

蛋白质：肌肉的建筑师

蛋白质中一定含有碳、氢、氧、氮元素，可能含有硫、磷等元素，是生命存在的物质基础。人体的关键组织，如肌肉、骨骼、皮肤和头发等，都是由蛋白质构成的。

虽然蛋白质不是人体最主要的能量来源，但它对于维持身体功能和运动能力同样重要。人体内，无论是组成正常组织的蛋白质，还是已经破损的组织细胞中的蛋白质，都会经历分解过程。这些蛋白质分解成氨基酸，被身体重新利用，并在需要时作为构建新蛋白质的原料，合成新的蛋白质，这是一个持续的循环过程。当身体受到损伤或组织受损时，蛋白质会参与到修复过程中，协助重建受损组织，促进伤口愈合，维持机体的完整性和正常功能。肌肉组织由蛋白质构成，能够在人体需要时释放氨基酸。这意味着肌肉组织实际上是人体的氨基酸存储库，是氨基酸的储存形式。

对经常进行体育锻炼的人来说，剧烈运动会导致肌肉损伤，而蛋白质能够帮助修复受损的肌纤维，合理摄入蛋白质有助于保持肌肉质量，促进肌肉生长，修复训练中产生的肌肉损伤，加快运动后的恢复过程。推荐通过食用鸡蛋、牛奶、鱼类、虾、鸡肉、鸭肉、牛瘦肉、羊瘦肉、猪瘦肉和大豆等食物来获取高质量的蛋白质。

虾

牛肉

蛋白质的种类

氨基酸是构成蛋白质的基本单位，其种类、数目和排列方式共同决定了蛋白质的多样性及生物学特性。构成人体蛋白质的氨基酸有 21 种，可分为两大类：必需氨基酸和非必需氨基酸。

氨基酸的化学结构

必需氨基酸是指人体不能合成或合成速度远不能满足机体需要，必须由食物蛋白质供给的氨基酸。必需氨基酸共 9 种，包括组氨酸、异亮氨酸、亮氨酸、赖氨酸、甲硫氨酸、苯丙氨酸、苏氨酸、色氨酸和缬氨酸；非必需氨基酸是指人体可以自行合成，或者能从其他物质转化而来，不一定非得从食物直接摄取的氨基酸，包括谷氨酸、丙氨酸、甘氨酸、丝氨酸和酪氨酸等。

根据食物中氨基酸的组成，特别是必需氨基酸的种类和比例，可以将蛋白质分为 3 类：完全蛋白质、半完全蛋白质和不完全蛋白质。

完全蛋白质

完全蛋白质也称优质蛋白，是指含有人体所需的9种必需氨基酸，且氨基酸的数量和比例都适当，能够满足身体对所有必需氨基酸的需求，能够保持正常的生理功能和代谢活动的一类蛋白质。例如，牛奶中的酪蛋白和乳白蛋白、鸡蛋中的卵白蛋白和卵磷蛋白、肉类（如鸡肉、牛肉）中的白蛋白和肌蛋白，还有大豆中的大豆蛋白和玉米中的谷蛋白等，都是完全蛋白质的优质来源。

牛奶

完全蛋白质对运动后肌肉的生长和修复非常关键，尤其适合运动员和健身人士。在运动前后及日常饮食中确保摄入足够的完全蛋白质，可以最大限度地提升运动效果。

鸡蛋

半完全蛋白质

半完全蛋白质是指虽然包含了所有必需氨基酸，但由于其中部分氨基酸含量不足或比例不均衡，无法支持机体生长发育的蛋白质。如果饮食中仅包含半完全蛋白质，那么它只能维持基本生命活动，而不能促进肌肉的增长或组织修复。因此，为了获取充足的必需氨基酸，通常建议将半完全蛋白质与其他蛋白质来源结合食用，实现氨基酸的互补。

以大麦和小麦为例，它们含有较多的谷氨酸，而赖氨酸的含量较低。赖氨酸有助于维持免疫系统的正常功能，促进钙的吸收和利用，并且是蛋白质合成及身体组织修复和肌肉增长的关键成分。若大麦和小麦是唯一的蛋白质来源，将无法满足人体对赖氨酸的需求，从而影响蛋白质的整体营养价值。为了确保摄入充足的赖氨酸和其他必需氨基酸，建议将谷物与豆类搭配食用，因为豆类具有与谷物互补的氨基酸谱，这样搭配能够满足机体对蛋白质的需求，保障正常生理功能的运行。

不完全蛋白质

不完全蛋白质是指缺乏一个或多个人体必需氨基酸的蛋白质。由于人体无法自行合成必需氨基酸，所以在没有其他蛋白质来源的情况下，仅靠这类蛋白质无法满足生命活动的需求。

玉米

玉米中的玉米胶蛋白、动物结缔组织和肉皮中的胶质蛋白、豌豆中的豆球蛋白都属于不完全蛋白质。为了提高饮食中蛋白质的营养价值，需要将这些不完全蛋白质与富含所需氨基酸的其他蛋白质食物搭配食用，以实现氨基酸的互补。例如，尽管豆类是优质的蛋白质来源，但某些类型的豆类（如大豆以外的豆类），可能缺乏一种或多种必需氨基酸。将豆类与谷物（如大米或玉米）搭配食用，可以提供更完整的氨基酸谱。

脂肪：误解与真相

脂肪由碳、氢、氧三种元素构成，是人体必需的三大宏量营养素之一，能为机体贮存、提供能量。当人体摄入的能量超出了日常需求时，多余的部分便转化为脂肪形式进行储存。在身体需要额外能量时，这些脂肪便会被分解，释放出能量以维持机体功能正常运行。

对经常进行体育锻炼的人来说，脂肪的作用尤为重要。在长时间的耐力运动中，脂肪逐渐转变为机体的主要能量来源，以维持长时间的体力活动。

一个体脂率大约为 15% 的瘦型运动员，其体内大约含有 10 千克的甘油三酯。这些甘油三酯储存在脂肪组织里，能够释放出大约 90 000 千卡（1 千卡 = 4.184 千焦）的能量，足以支持一名运动员完成多场马拉松比赛和一系列抗阻训练。此外，内脏脂肪中大约含有 300 克甘油三酯，能提供大约 2700 千卡的能量。每克脂肪可以产生高达 9 千卡的能量，这个数值是碳水化合物和蛋白质能量产出的 2 倍以上。由此可见，脂肪的储备和消耗对于维持高强度的体育活动极为关键。

日常生活中，许多人为了保持身材，会尽量避免食用脂质类食物。虽然脂质类食品常被认为与体重增加有关，但并非所有的脂肪都对健康不利。我们不能一味地减少脂肪的摄入，这会影响机体的正常功能和运动表现。无论是减肥者还是运动员，都需依据个人的实际状况和目标，挑选合适的健康脂肪类型，并将其纳入均衡饮食之中。

脂肪酸的种类

脂类主要由甘油三酯构成。一个甘油三酯分子由 3 个脂肪酸分子和 1 个甘油分子通过酯化反应连接形成。脂类的多样性源于其脂肪酸的碳链长度、饱和度和空间结构的差异，可呈现不同的特性和功能。根据脂肪酸分子中碳链中碳原子间的双键数量，可将脂肪所含有的脂肪酸分为饱和脂肪酸与不饱和脂肪酸两大类。饱和脂肪酸的碳链完全由单键连接，不含双键；而不饱和脂肪酸中碳与碳之间的连接包含双键。其中不饱和脂肪酸对心血管健康有潜在益处，比饱和脂肪酸更健康。

饱和脂肪酸

饱和脂肪酸是一类不含不饱和双键的脂肪酸。在它们的碳原子链上，所有的化学键均为单键，每个碳原子都与尽可能多的氢原子结合，实现最大限度的氢饱和。

饱和脂肪酸主要来源于动物脂肪，在室温下呈现固态，常见于动物油脂和棕榈油中，包括黄油、奶油和可可脂等。其口感较好且具有稳定性，被广泛用于制作加工食品。例如，黄油（包括人造黄油）可以使糕点质地

黄油

更加酥软，而棕榈油因其耐高温的特性，
适合用于炸制薯条。

奶油

　　然而，过量摄入饱和脂肪酸可能对健
康产生不利影响。虽然饱和脂肪酸也是人
体中不可或缺的组成成分，但过量摄入可
能会导致血液中的胆固醇、甘油三酯和低密度脂蛋白胆固醇水平上升，使
血液黏稠度增加，导致动脉粥样硬化，从而增加心血管疾病的患病风险。
因此，我们需要在日常生活中谨慎控制饱和脂肪酸的摄入量。

不饱和脂肪酸

　　不饱和脂肪酸是含有至少一个碳碳双键的脂肪酸。如果碳链上仅有一
个双键，它被称为单不饱和脂肪酸；若含有多个双键，则为多不饱和脂肪酸。
这些双键赋予脂肪酸链更大的柔韧性，使它们在室温下通常保持液态。

　　不饱和脂肪酸对心脏健康有益，有助于预防和控制体重增加。因此，
建议在日常饮食中，用富含单不饱和脂肪酸和多不饱和脂肪酸的食品来替
代那些含有较多饱和脂肪酸的食品。

　　单不饱和脂肪酸以油酸为代表，常见
于橄榄油、山茶油、花生油和菜籽油等日
常食用油中。研究发现，与高碳水化合物
饮食或富含多不饱和脂肪酸的饮食相比，
含单不饱和脂肪酸的饮食更有助于改善血
压、促进葡萄糖的代谢。

花生油

　　多不饱和脂肪酸广泛存在于植物性食
物和油脂中，如常见的玉米油、葵花籽油
和红花油等。这些脂肪酸可以根据双键在
碳链上的位置分为 ω-3 系列和 ω-6 系列
等。ω-3 系列脂肪酸在降低血脂、抗炎及
促进大脑和神经系统的发育方面发挥着关

菜籽油

键作用，主要存在于深海鱼类中。因此，定期食用海鱼有助于预防心血管疾病、促进大脑健康；亚油酸和花生四烯酸是 ω-6 系列多不饱和脂肪酸的典型代表，主要存在于葵花籽油、玉米油、大豆油、芝麻油、棉籽油等植物油中。根据美国医学研究所的发现，日常人体摄入的 ω-6 系列脂肪酸与 ω-3 系列脂肪酸的比例应接近 7：1。为确保脂肪酸摄入的多样性和平衡，建议定期更换使用的食用油种类，这样可以帮助满足身体对不同类型脂肪酸的需求。

维生素：生命的催化剂

维生素是维持生命活动所必需的关键有机物质。作为人体必需的微量元素，尽管它们不构成人体细胞的结构，也不直接提供能量，但在促进生长、调节代谢和支持发育等方面具有不可替代的作用。

大多数维生素都无法在体内自行合成，也不能在体内大量储存，因此需要通过饮食摄入。针对较容易缺乏的维生素，应考虑通过调整饮食或在需要时通过补充剂来增加摄入量。

维生素的种类

维生素的种类较多，共有 13 种，一般可分为水溶性维生素和脂溶性维生素。水溶性维生素的作用时间通常为 2～3 小时，随后它们的代谢产物会通过尿液排出，因此，在日间训练时，每 3 小时补充一次水溶性维生素有助于满足身体的需求；常见的脂溶性维生素包括维生素 E、维生素 A、维生素 K 和维生素 D，这些维生素在体内的代谢较慢，效果可以持续 12 小时以上，因此，通常每天补充一次脂溶性维生素即可。

水溶性维生素

水溶性维生素包括 B 族维生素（如维生素 B_1、维生素 B_2、维生素

PP、维生素 B_6、叶酸、维生素 B_{12} 等）和维生素 C。它们易溶于水，在体内不能大量储存，当其在组织内达到饱和状态时，这些物质或其代谢产物会通过尿液排出。因此，我们需要定期通过饮食来补充水溶性维生素。在食品加工过程中，尤其是在处理蔬菜时，不建议将蔬菜切碎后长时间浸泡在水中，特别是在热水中，这会导致大量维生素损失。如果水溶性维生素摄入不足，身体很快就会表现出缺乏症状。

维生素 B_1 又称硫胺素，是一种重要的辅酶，在人体的能源代谢中发挥着重要作用。它能够协助将食物中的碳水化合物转换成葡萄糖，为神经系统运作提供所需的能量，防止机体因能量不足而导致疲劳，维持日常活动和身体功能。体育运动者长时间运动会导致机体大量出汗，B 族维生素随之流失。缺乏维生素 B_1 可能会导致出现脚气病、神经炎、心力衰竭等症状，因此，运动后，应及时补充维生素 B_1。推荐首选葵花籽仁、花生、大豆粉和猪瘦肉，其次选择小麦粉、小米、玉米、大米等谷类食物。

葵花籽仁

维生素 B_2 又叫核黄素，对于保持口腔健康、促进皮肤和毛发的正常生长和能量代谢至关重要。维生素 B_2 还负责转化热能，参与将蛋白质、碳水化合物、脂肪转化为能量的过程，帮助释放出维持机体功能所需的能量。当维生素 B_2 缺乏时，早期会出现疲劳、无力、口腔疼痛等症状，眼睛可能会出现瘙痒和烧灼感。如果不及时治疗，可能会发展为口腔和阴囊的病变。维生素 B_2 广泛存在于动物性食物和植物性食物中，

花生

大米

包括乳制品、蛋类、各种肉类、谷物、蔬菜和水果。值得注意的是，由于维生素 B_2 能溶于水，并且在碱性条件下易分解，烹饪时应避免长时间浸泡和使用碱性物质。

烟酸即维生素 PP，对于维持消化系统的健康非常有益，能够改善肠胃功能失调和腹泻症状，降低血液中的胆固醇和甘油三酯水平。在医疗领域，烟酸也被用来治疗口腔炎症和预防口臭。这种维生素的主要食物来源包括肝脏、肾脏、瘦肉、鱼类、玉米、小麦和坚果。尽管烟酸对于能量代谢至关重要，但目前没有科学证据显示，超出推荐膳食摄入量的烟酸摄入能带来额外的健康益处。在运动前摄入超过 50 毫克的烟酸反而会干扰脂肪的燃烧过程，从而影响运动员在有氧运动中的耐力表现。

维生素 B_6 在蛋白质代谢中发挥着关键的调节作用。它能够促进能量的生成，帮助机体提升活力，被誉为提神营养素。维生素 B_6 缺乏通常表现为身体出现某些炎症。其含量丰富的食物包括鸡肉和鱼肉等白肉、动物肝脏、豆类、坚果和蛋黄等。

维生素 B_{12} 有助于促进红细胞的形成与再生，从而减少恶性贫血的发生风险；它还可以缓解烦躁情绪，帮助提高注意力、增强记忆力。此外，维生素 B_{12} 对儿童的生长发育和食欲也有积极影响。维生素 B_{12} 主要来源于动物性食物，包括畜肉类、动物内脏、鱼类、禽类、贝类和蛋类，乳制品中也含有少量维生素 B_{12}，植物性食物几乎不含维生素 B_{12}。目前有关维生素 B_{12} 能够提升运动表现的证据较为有限。

鸡肉

鱼

维生素 C 也被称为抗坏血酸，是一种强大的抗氧化剂。人体在正常的代谢活动中，会产生大量的自由基。当自由基的数量超过一定限度时，过量的自由基会从其他分子中夺取电子以寻求稳定，成为诱发细胞衰老、关节炎等多种健康问题的罪魁祸首。在免疫细胞对抗细菌和病毒等入侵者的过程中，维生素 C 能够使免疫细胞不受自由基的损害，提高机体免疫力。在血液中，维生素 C 可以防止血液成分氧化，减少炎症，维护血管健康。

维生素 C 缺乏可能导致多种症状，如食欲减退、疲劳、肌肉和关节疼痛、生长发育受阻、出血倾向、伤口愈合速度减慢，以及皮肤和头发干燥、皮肤粗糙等。若缺乏情况严重，可能会发展成坏血病，特征是重度贫血、牙龈肿胀疼痛，甚至可能导致牙齿松动和脱落。

维生素 C 含量较多的水果包括樱桃、柑橘、石榴、柚子、草莓和柠檬等，柿子椒、番茄、菜花等蔬菜及各种深色叶菜类也富含维生素 C。

樱桃和草莓

脂溶性维生素

脂溶性维生素包括维生素 A、维生素 D、维生素 E 和维生素 K。它们不溶于水而溶于脂肪，并且能在体内脂肪组织及肝脏中积累且大量储存，因此不需要频繁补充。但需要注意的是，脂溶性维生素在能量产生过程中不直接发挥作用，并且其摄入过量可能会引发中毒症状，因此不可过量食用。

维生素 A 也被称为视黄醇，其功能大多与视觉有关，可用于治疗夜盲症、干眼症、皮肤干燥和瘙痒，并有助于保持黏膜的健康、调节皮肤状态。缺乏维生素 A 可能使皮肤变得粗糙，指甲出现白色条纹，头发干燥，记忆力下降，情绪烦躁和失眠，球结膜干燥，以及泌尿道结石等症状。在运动中，维生素A主要被用作一种抗氧化剂，可以保护细胞免受自由基的伤害，减少氧化应激对细胞的损伤。其主要食物来源包括动物肝脏、鱼肝油、禽蛋、乳制品，以及深绿色或红、黄、橙色的蔬菜和水果。

维生素E是动物体内无法自行产生的关键营养素，属于抗氧化剂，具有清除自由基、促进细胞健康、维护皮肤弹性、增强生殖系统功能及强化免疫系统等作用。当人体缺乏维生素E时，可能会出现红细胞受损、加速衰老、肌肉结构异常、营养不良及贫血等一系列健康问题。为了确保足够的维生素E摄入，建议多食用小麦胚芽、各类植物油、坚果和豆类等食物。

维生素D是人体必需的脂溶性维生素，因其主要通过皮肤接触阳光中的紫外线来合成，故有"阳光维生素"之称。定期晒太阳是人体获取充足维生素D的最自然和有效的方式。维生素D不仅能够促进钙的吸收、维持骨骼代谢，还参与调节身体的抗炎反应，影响免疫系统的功能，参与葡萄糖的代谢过程，并对神经、肌肉系统的健康起到重要作用。在室内训练和比赛的运动员如果不接受阳光照射，就可能导致维生素D缺乏，从而影响运动表现。建议维生素D缺乏者优先食用海水鱼类、动物肝脏、鱼肝油和蛋黄等食物，但不可过量食用，以免引起不适。

鱼肝油

蛋黄

维生素K又被称为凝血维生素，对于血液凝固至关重要。它在体内的作用不仅限于使血液凝固，还包括预防和治疗骨质疏松症、防止血管钙化。缺乏维生素K可能会使血液凝固过程变得缓慢，即使是轻微受伤都可能引起血管破损，造成皮下、肌肉、脑部、消化系统、腹部或泌尿系统等身体各部位出血，严重时甚至可能引发内出血、贫血，甚至死亡。自然界中的维生素 K 主要有两种形式：维生素 K_1 和维生素 K_2。维生素 K_1 主要来源于绿叶菜（如菠菜、甘蓝、甜菜、绿豆等）中；维生素 K_2 则通常由细菌产生，可以通过食用发酵食品、肉类（如动物肝脏、鱼肝油、蛋黄）和乳制品（乳酪）等摄取。

猪肝

菠菜

矿物质：身体的微量英雄

矿物质也被称作无机盐，是以固体形式存在的无机元素，也是构成人体组织和保持生理功能正常运作的关键元素。例如，铁是血红蛋白的组成部分，而血红蛋白是将氧气输送至全身的关键载体；磷和钙共同构成了骨骼和牙齿的基础，帮助构建和维护骨骼结构。常见的矿物质包括钠、钾、氯、钙、磷、镁、铁、铜、锌、硒等。由于人体无法自行产生矿物质，必须通过日常饮食来补充，如果矿物质的摄入不足，就可能会导致消化不良、贫血、骨质疏松等慢性疾病。因此，定期通过食物补充矿物质对于维持健康至关重要。

一般来说，乳类和乳制品、小虾皮、芝麻酱是钙的良好来源；坚果和大豆富含镁；豆类和香蕉是钾的丰富来源；肉类、蛋类和豆类则含有较多的硫；红肉和绿叶菜含有丰富的铁。通过均衡摄入各类食物，我们可以确保身体获得所需的矿物质，维持身体健康。

虾皮

钠、钾和氯主要以电解质的形式存在于体液中。在剧烈运动时，人体会通过大量出汗来散热，电解质会通过汗液大量流失。适当饮用含有钠、钾和氯等电解质的饮料，能够帮助补充身体流失的矿物质。有的电解质水除了含有钠、钾、氯，还额外添加了镁、钙等微量元素，有助于运动员在训练和比赛中保持良好的运动状态。

矿物质的种类

人体中的矿物质分为两大类：常量元素和微量元素。常量元素包括钙、磷、钾、钠、氯、硫、镁 7 种，微量元素主要包括碘、锌、硒、铜、铬、钼、铁等。

常量元素

常量元素是指在人体总重量中占比超过 0.01% 的矿物质，在人体中含量相对较高，且需求量较大，是构成有机体的必备元素。

钠是常见的矿物质，食盐是其主要来源。在人体内，钠起着调节水分、渗透压和血压平衡的关键作用，还参与维持酸碱平衡、促进葡萄糖吸收、维持神经系统和肌肉的正常功能。当人体缺乏钠时，可能会出现情绪淡漠、疲劳、乏力、恶心、呕吐、低血压和肌肉痉挛等症状。在高温环境或进行大量运动时，由于出汗较多，可能会导致钠流失，从而引起钠的需求量增加。在这种情况下，适量饮用淡盐水可以帮助补充钠元素，维持体内钠的平衡。

钾是维持生命不可或缺的矿物质，主要作用是调节水分和电解质平衡、保持内环境稳定，帮助保持神经和肌肉的兴奋性、心脏功能的规律性，以及参与糖类和蛋白质的代谢过程。钾缺乏可能导致肌肉兴奋性降低，影响肌肉的正常收缩和放松，引起肌无力、麻痹，甚至导致心律失常。剧烈运动后，容易造成钾元素缺乏，适当进食香蕉、鳄梨、苹果等含钾量较高的水果，有助于恢复体力，提升运动表现。

氯是参与胃酸形成的主要矿物质，也是维持体内电解质平衡、渗透压及体液酸碱平衡的必需元素。剧烈运动、大量出汗等情况可能导致体内氯流失，需要通过食用海带、紫菜、菠菜等食物或补充剂来补充氯，以维持正常的生理功能。

海带

钙是人体内含量最丰富的矿物质，它在骨骼和血液中的分布保持动态平衡。当血液中钙的水平下降时，骨骼中的钙会被释放出来，以确保细胞能够进行正常的生理和生化活动。然而，这种从骨骼中调动钙的过程实际上也是骨骼被分解的过程。因此，如果长期钙的摄入不足，可能会导致骨骼中的钙流失，进而引发骨密度下降和骨骼脆弱等问题。面对缺钙的问题，膳食调整是首选，可以通过多摄取乳制品、豆类等含钙丰富的食物，补充钙质，坚固骨骼、增强体魄。

紫菜

豆制品

磷是人体中含量第二丰富的矿物质，对于细胞结构的构建至关重要。在人体的能量代谢中，磷发挥核心作用。它参与合成 ATP（腺苷三磷酸）等关键的能量分子，并在能量的传递、储存和释放过程中扮演至关重要的角色。磷还有助于维持体液和血液的酸碱平衡，调节蛋白质的功能，并参与氧气的运输等重要生理过程。其缺乏可能会导致身体乏力、免疫力降低，影响神经系统、骨骼和牙齿的健康。适当补充牛奶、豆制品、鸡肉、鸭肉等含磷较多的食物，能够预防磷元素缺乏，保证机体功能正常运行。

镁是人体内必需的矿物质之一，人体内 60% 的镁存在于骨骼中，其余则分布在软组织中，这些镁元素是构成 300 多种酶的关键成分。镁参与能量代谢过程，并对 ATP 的合成和利用产生直接影响。作为数百种酶促反应的关键因素，镁对维持身体的能量产生和肌肉功能至关重要。镁缺乏可能导致疲劳和肌无力等症状。小油菜、小白菜、芥蓝等深绿色叶菜，腰果、西瓜子、开心果、榛子等坚果和种子，黄豆、黑豆等豆类食物都是镁的良好来源。

西瓜子

小油菜

开心果

黄豆

微量元素

微量元素是指在人体总重量中占比小于 0.001% 的矿物质，主要包括铁、铜、锌、硒等。尽管微量元素在人体中的含量非常少，但它们是维持生命活动和健康状态不可或缺的元素。

铁是人体必需的微量元素之一，能够维持正常的造血功能，参与氧的运输。女性运动员功能性缺铁的概率为 15%～35%，男性为 3%～11%。当体内铁元素不足时，会影响血红蛋白的合成，发生缺铁性贫血，还可能会出现疲劳、心悸、呼吸急促、头晕和面色苍白等症状。长期缺乏铁可能损害肌肉的氧化代谢功能，导致身体耐力和运动能力下降。为保证富含铁元素食物的摄入，推

鸭血

荐食用动物肝脏或动物全血、畜禽肉等食物。

铜是人体必需的微量元素之一，能够促进铁的吸收和利用，维持骨骼、心血管及神经系统健康。其缺乏可能导致铁吸收受阻，进而引发小细胞低色素性贫血。铜广泛分布在各种食物中，成年人每天推荐摄入大约900微克的铜，谷物、豆类、坚果、动物肝脏、肾脏及贝类中铜的含量较高，可适量食用。

鲍鱼

锌广泛分布于全身的组织和器官中，对增强免疫力、促进消化系统健康、支持生长发育及调节物质代谢等生理过程具有重要作用。由于锌有增强肌肉收缩的功能，其缺乏可能会对运动表现产生负面影响。

硒有助于预防癌症、保护心脏和肝脏、延缓衰老及提升免疫力。作为一种高效的抗氧化剂，硒的抗氧化作用甚至超过了维生素 E。其缺乏可直接导致人体免疫力下降。

水：生命之源

约翰斯·霍普金斯大学的杰克·J.莱奇教授曾说："水是所有生命过程的基础，为细胞中的生化反应提供必要的介质，帮助调节温度，促进营养吸收。人可以数周不吃东西，但没有水就只能活几天。"可见水在我们生命中的重要性。

水在成人体重中占比约为 60%，是构成人体体液的关键成分，具有将营养物质输送至细胞，协助清除细胞代谢产生的废物、确保血液循环顺畅、保持体内酸碱平衡的作用。细胞内外的物质代谢过程都依赖水环境，水对细胞功能和代谢活动的正常进行至关重要。缺水可能导致细胞功能受损、代谢效率下降、认知与反应速度减慢、影响氧气和营养的运输。

水

人体在剧烈运动时会释放大量能量，这些能量产生的多余热量会通过汗液排出，帮助维持体温恒定。如果出汗过多而未能及时补充水分，就可能导致脱水。当身体大量失水而未能及时补充时，可能会导致心血管系统的负担增加，干扰体温调节机制，并降低运动能力。

口渴是一个重要的生理信号，当我们感到口渴时就说明身体已经存在了一定程度的脱水，因此，运动时应及时补充水分，不能等口渴时再喝水，否则易影响运动表现。

最佳的补水策略是分散饮水，即在运动过程中每隔 15 ~ 20 分钟摄入 150 ~ 200 毫升的水。这样做可以避免一次性摄入过多水分，减轻心脏和消化系统的负担。同时，运动期间每小时的饮水总量应控制在 800 毫升以内，以维持体内水分平衡。运动前可以适当补充含有电解质的饮料，当人体处于正常的水合状态时，摄入含有碳水化合物和钠的饮品，最长可使液体在体内滞留 4 小时，有利于预防脱水。

第二章

运动与肌肉揭秘——塑造强健体格的指南

人体主要肌肉群详解

人体肌肉系统由三种主要肌肉构成：心肌、平滑肌和骨骼肌。心肌是构成心壁的主要成分；平滑肌广泛存在于中空性器官及血管壁中；骨骼肌则大多附着于骨骼，遍布身体的躯干和四肢。

与心肌和平滑肌不同，骨骼肌的收缩与舒张能够被人体的意识控制，是执行各种动作和运动的基础。

人体的骨骼肌共有600多块，大约占到人体总重量的40%。这些肌肉由两大部分构成：肌腹和肌腱。肌腹主要由肌纤维构成，富含肌红蛋白，呈红色，具有收缩能力；肌腱由密集的胶原纤维束组成，呈白色，韧性强，其抗张强度是肌腹的100多倍，但不具备收缩功能。肌腹是肌肉的主要部分，负责肌肉的收缩。肌肉通过肌腱与骨骼相连，使肌肉在收缩过程中能够带动骨骼，实现身体的运动。

每一块骨骼肌都具有独特的位置和形状，这些特征决定了它们各自的功能和活动范围。在执行复杂动作时，往往需要多组肌肉协调合作。比如，手臂弯曲时，不仅需要屈肌的收缩，同时也需要伸肌的舒张。

肌肉的力量、耐力和速度都是影响运动表现的关键因素。通过进行力量增强训练、耐力提升训练和爆发力强化训练等针对性练习，可以显著提升肌肉的功能，进而提高运动表现。

不恰当的运动方法或过度的运动负荷可能会导致肌肉拉伤、扭伤或撕裂。为了预防运动损伤，运动者需要掌握正确的运动技巧，进行适当的热身和拉伸活动，避免过度训练。

掌握肌肉的分类、作用及它们如何适应不同的运动需求，对于提升运动能力、预防运动损伤及维护整体健康极为重要。

躯干肌

躯干肌群分布在我们身体的中部，包括背肌、胸肌、腹肌、膈肌等肌肉。这些肌肉有助于保持脊柱的稳定，维持良好的姿势，预防运动损伤。

躯干肌群能够帮助我们进行腰部的扭转和身体的弯曲动作。例如，坐下、弯腰捡拾物品及转动身体等动作，都需要躯干肌的配合。在进行提举或推拉重物时，也需要躯干肌提供必要的力量。简而言之，躯干肌群是我们进行日常活动和复杂运动的基础。

背肌

背肌位于背部，可以划分为浅层和深层两大类。背浅层肌群包括斜方肌、背阔肌、肩胛提肌和菱形肌等，而背深层肌群则主要包括竖脊肌等。这些肌肉中，斜方肌、肩胛提肌和菱形肌等能够通过移动肩胛骨来协助手臂和肩部的活动，包括肩胛骨的抬起、降低、向内收紧和向外扩展。同时，斜方肌和菱形肌也参与辅助呼吸，在吸气时帮助提升肋骨。

在划船、游泳、摔跤和网球等体育活动中，背肌对于执行正确的技术动作非常关键。在这些运动中，背肌不仅提供动力，还帮助保护脊柱，防止运动受伤。因此，强化背肌对于维持整体功能、提高运动表现极为重要。

· **斜方肌**

斜方肌起始于头部后方的枕骨、颈部的项韧带、颈部最下方的第7颈椎棘突及全部胸椎棘突，止于锁骨的外侧1/3、肩峰及肩胛冈，形成一块大型的、扁平的肌肉，覆盖从颈部到肩部和背中部的区域。

斜方肌根据其肌纤维的走向被划分为上、中、下三个部分。上斜方肌的主要作用

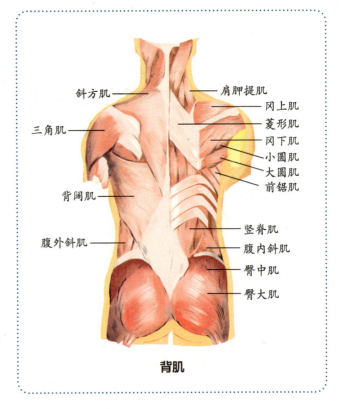

背肌

是提升肩胛骨和锁骨，使我们能够执行耸肩动作，也就是肩带向上提升；中斜方肌则负责执行挺胸动作，即肩带向后收缩，有助于维持胸部的直立姿势；下斜方肌的功能是使肩带下沉，帮助放松肩部。

通过锻炼斜方肌，我们能够矫正圆肩和驼背等不良的体态，减少颈部与肩部的紧张感。此外，锻炼斜方肌还能增强肩部的稳定性，降低在运动过程中受伤的可能性，有助于提升运动表现和效率。

· **背阔肌**

背阔肌是位于胸背区下部和腰区浅层较宽大的扁形肌肉。它是全身最大的扁肌，也是人体最有力的肌肉之一。这块肌肉的主要作用是帮助肩关节实现后伸、内收和内旋。当上肢上举并固定时，背阔肌可以协助进行引体向上等动作。

当背阔肌过于紧绷或僵硬时，可能会妨碍手臂做出高举过头的动作，

比如，在进行推举训练时会减少肩关节的活动范围。如果不顾这种限制而强行抬高手臂，脊椎将不得不做出代偿运动，以协助完成这一动作，增加了受伤的风险。因此，在锻炼过程中一定要掌握正确的方式方法，预防运动损伤。

强化背阔肌，可以提升肩部和背部的力量，为脊柱提供更好的支撑，降低因肌肉力量不足而引发的肩背部损伤风险。此外，在涉及上肢和背部力量的体育活动，如游泳、划船和举重，加强背阔肌的训练可以显著提升运动表现。

· 肩胛提肌

肩胛提肌位于颈项两侧、斜方肌的深面。这块肌肉起自上位颈椎横突，止于肩胛骨上角和内侧缘的上部。当肩胛提肌收缩时，可以使肩胛骨上提。当肩胛骨保持稳定时，肩胛提肌收缩则能够使颈部向同侧倾斜，也就是向肌肉收缩的一侧肩部弯曲。

肩胛提肌与斜方肌相互配合，通过协同和拮抗作用，能够完成肩部和头部的复杂动作。当肩胛提肌与斜方肌的上部纤维一起工作时，能够提升肩胛骨，并辅助头部向后转动。在另一些动作中，斜方肌负责向上旋转肩胛骨，而肩胛提肌则与斜方肌的上部和下部纤维拮抗，帮助肩胛骨向下旋转。

强化肩胛提肌有助于维持颈部和肩部的正确姿势，能够预防和缓解由于长时间保持不良姿势所引起的肌肉紧绷、疼痛。此外，强化肩胛提肌能够增加肩颈部的活动幅度，让头部和颈部的转动更加自如。在游泳、网球等要求肩颈部灵活配合的运动中，肩胛提肌的强健对于提高运动表现具有显著作用。

网球

·菱形肌

菱形肌为菱形的扁肌，位于斜方肌的深面。它起始于下位2个颈椎和上位4个胸椎的棘突，肌纤维行向外下方，止于肩胛骨内侧缘。

菱形肌收缩，能够将肩胛骨向内上方牵引并向脊柱靠拢。在进行承重运动时，菱形肌与斜方肌、肩胛提肌和前锯肌协作，共同固定肩胛骨于胸廓之上。

通过锻炼菱形肌，可以增强肩胛骨的稳定性，预防圆肩，降低因肩胛骨不稳定而发生肩袖撕裂或肩关节疼痛的风险。

如果菱形肌与前锯肌之间力量失衡，肩胛骨可能会过度前拉并下沉，这不仅会增加颈椎的负担，还可能缩小颈椎的活动范围。因此，保持菱形肌的力量对于预防肩部和颈部问题非常重要。

·竖脊肌

竖脊肌位于脊柱棘突两侧、斜方肌和背阔肌深面。它起始于骶骨的背面、髂嵴的后部及腰椎棘突。肌纤维向外上方延伸，分为3组，分别止于肋骨、椎骨及颞骨乳突等不同部位。

当身体保持直立姿势，且重心居中时，竖脊肌处于最松弛的状态。单侧竖脊肌收缩，能够使脊柱向同侧倾斜。双侧竖脊肌收缩，有助于脊柱和头部的后仰动作。在身体向前倾斜或向侧面弯曲时，竖脊肌可以通过收缩或舒张来牵拉身体，以协助维持直立姿势和平衡。

竖脊肌有助于保持脊柱的稳定性，能够预防脊柱侧弯或驼背等退行性变化。运动者在进行仰卧起坐、背伸等练习时，竖脊肌收缩可以帮助实现躯干的伸展。此外，作为核心肌群的组成部分，竖脊肌与腹肌协作，能够确保核心部分的稳定性。

胸肌

胸肌主要指的是胸部的肌肉群，包括胸大肌、胸小肌和前锯肌等。这些肌肉在稳定肩关节方面起着关键作用，使得手臂能够执行多样化的动作。同时，胸肌还有助于维持身体正面的良好姿势，并与背肌一起作用，预防圆肩和驼背等不良姿势。

强健的胸肌对于提高运动表现和日常活动能力非常重要。因此，很多人通过健身锻炼胸肌，增强力量、改善身体姿态和外观。

·胸大肌

胸大肌位于胸腔前上部的浅层，是一块扇形的扁平肌肉。它起始于锁骨的内侧 2/3 段、胸骨的前侧和第 1 ～ 6 肋软骨的前端。这些肌纤维汇集并向外扩展，最终附着在肱骨大结节嵴上。

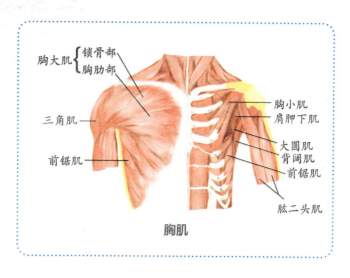

胸肌

胸大肌的收缩能够带动肩关节进行内收和内旋动作，而其锁骨部胸大肌收缩还能促使肩关节进行前屈。在上肢保持稳定的情况下，胸大肌能够协助身体向上移动，与背阔肌一起完成引体向上等动作，同时它还能提升肋骨，协助深吸气。

胸大肌在俯卧撑、卧推和使用杠铃或哑铃推举等多种推力活动中起着核心作用。此外，在投掷、游泳、排球等运动中，增强胸大肌的力量能够提高运动表现。

·胸小肌

胸小肌是一块位于胸大肌下方的三角形肌肉。它起始于第 3 ～ 5 肋骨，肌纤维向上向外延伸，并附着于肩胛骨的喙突。胸小肌主要负责使肩胛骨向前倾斜和向内旋转。

在进行深呼吸时，胸小肌协助提升肋骨，扩大胸腔体积，从而增加呼吸的深度。此外，胸小肌对于保持头部和颈部的良好姿势，以及肩部和手臂的正常运动都至关重要。
如果胸小肌过于紧张或缩短，
可能会限制吸气时肋骨上抬，
减少肩部和肋部的活动范围，
影响肩部抬高的能力，并可
能导致肩胛骨前倾或圆肩等
不良姿势。通过仰卧推举、
俯卧撑、哑铃俯卧撑等练习可
以有效锻炼胸小肌，提升其力量和效能。

俯卧撑

· **前锯肌**

  前锯肌位于胸廓的侧壁，是一块宽大的扁肌。它以肌齿起自上 8 ~ 9
个肋骨外面，肌束向后延伸，绕过胸廓的侧面，经过肩胛下肌的前方，止
于肩胛骨的内侧缘和下角。

  前锯肌收缩，会拉动肩胛骨向前并紧贴胸廓，有助于稳定肩胛骨并协
助上肢的运动。肌肉的下部肌束可以使肩胛骨的下角向外旋转，这有助于
在手臂外展时抬高手臂。此外，如果肩胛骨保持稳定，前锯肌还能够帮助
提升肋骨，辅助深吸气。前锯肌功能失常时，肩胛骨的内侧缘和下角无法
与胸廓紧密贴合，而是会从胸廓突出，外观类似鸟类翅膀，这种情况被称
为"翼状肩"。

  在进行俯卧撑、游泳、拳击等运动时，前锯肌有助于增强肩部的灵活
性与力量；在卧推、俯卧撑等力量训练中，前锯肌能够提升上肢的推动力
和稳定性。通过恰当的锻炼，如弹力带动态环抱、毛巾墙滑行、肩胛俯卧
撑等，可以有效地强化前锯肌，提升其力量和效能。

膈肌

  膈肌是一片扁平的肌肉，呈现出向上凸起的拱形。它位于胸腹腔之间，
起着分隔两个腔室的作用。膈肌的肌纤维起始于胸腔下部的边缘和腰椎的
前侧，大致分为三个部分：胸骨部起始于剑突后面；肋部起自下 6 对肋骨

及肋软骨；腰部则起始于上部的 2～3 个腰椎，以及相连的内、外侧的弓状韧带。这些肌纤维最终都止于中心腱。

当膈肌收缩时，其拱形结构会下降，从而使胸腔的容积扩张，促进空气的吸入；而在膈肌放松

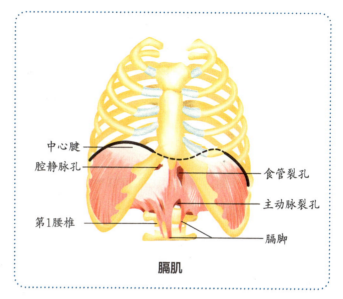

中心腱
腔静脉孔
第1腰椎
食管裂孔
主动脉裂孔
膈脚

膈肌

时，其拱形结构会回升，胸腔容积随之减少，推动气体排出。此外，当膈肌和腹肌协同工作时，能够增强腹腔内的压力，协助完成排便、呕吐、咳嗽、打喷嚏及分娩等生理过程。通过腹式呼吸、缩唇呼吸等呼吸训练，能够锻炼膈肌，增强膈肌的控制力。

腹肌

腹肌位于胸廓和骨盆之间，是构成腹壁的主要肌肉，分为前外侧群和后群两大类。前外侧群形成腹腔的前壁和侧壁，包括腹外斜肌、腹内斜肌、腹横肌及腹直肌；后群则主要包括腰方肌等。

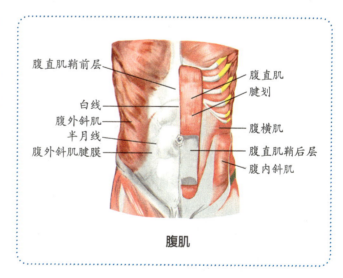

腹直肌鞘前层
白线
腹外斜肌
半月线
腹外斜肌腱膜
腹直肌
腱划
腹横肌
腹直肌鞘后层
腹内斜肌

腹肌

腹肌有助于保护腹部器官，如胃、肝脏、肠道等，避免受到外界撞击

造成的伤害。同时，腹肌与背部肌肉协同工作，有助于保持脊柱稳定，预防背部疼痛。在呼吸过程中，腹肌也起到重要作用，尤其是在呼气时，腹肌收缩帮助将气体从肺部排出。通常锻炼腹肌的动作包括仰卧起坐、卷腹和平板支撑等。

· 腹外斜肌与腹内斜肌

腹外斜肌是一块位于腹部侧面的浅层肌肉，以 8 个肌齿的形式起始于下 8 位肋骨的外面。腹外斜肌的肌纤维斜向前下方，后部的肌束向下止于髂嵴前部，其余的肌束向前下方移行，形成腱膜，经过腹直肌的前面，止于位于腹部正中的白线。

腹内斜肌位于腹外斜肌深面。它起自胸腰筋膜、髂嵴及腹股沟韧带外侧 1/2。腹内斜肌的肌纤维呈扇形排列，后部的肌束几乎垂直向上，止于下位 3 个肋骨。

在功能上，腹内斜肌与腹外斜肌有许多共同点，它们都是构成核心力量的重要肌肉，共同帮助身体完成各种弯曲、转动和维持稳定的任务。身体某一侧的腹内斜肌或腹外斜肌收缩，可以使躯干向同侧弯曲和向对侧旋转。而两侧的肌肉同时收缩，可以帮助身体向前弯曲，如仰卧起坐。当腹外斜肌的上部固定不动时，两侧肌肉收缩还能促使骨盆向后倾斜，从而帮助稳固躯干和脊柱。通过侧身卷腹、侧平板支撑等运动能够有效锻炼腹外斜肌和腹内斜肌，增强其力量和功能。

· 腹横肌

腹横肌是腹部最深层的肌肉，位于腹内斜肌的深面。腹横肌起始于下 6 对肋软骨内侧、背部的胸腰筋膜、骨盆的髂嵴，以及腹股沟韧带的外侧 1/3 处。腹横肌的肌纤维横向延伸，逐渐转变为腱膜，行于腹直肌的后方或前方，参与组成腹直肌鞘的后层或前层，并一直延伸到腹部中央的白线处。

腹横肌收缩，能够帮助减小腰围，从而在腹部产生更多的压力，有助于分娩、咳嗽、排便等生理过程，还能够使内脏器官不受伤害。通过腹部真空收缩运动、平板支撑、瑞士球屈髋等动作可以加强腹横肌的锻炼，提升腹横肌的力量和功能，有利于改善身体姿态、增强腹部支撑。

· 腹直肌

腹直肌是腹部的一对关键肌肉，它们对称地分布在腹部前壁的中心线两侧，起始于耻骨联合和耻骨嵴，肌束向上延伸，止于胸骨剑突和第5～7肋软骨的前面。

腹直肌与背部的竖脊肌等肌肉协同工作，有助于身体在做弯曲和扭转等动作时保持稳定性。通过收缩和放松，腹直肌可以控制腹部的前后径，辅助身体保持正确的姿势，还能纠正由于不良姿势而可能导致的骨盆倾斜，预防骨盆过度前倾或后倾，以此增强核心肌群的稳定性并改善体态。通过仰卧起坐、俯卧撑、卷腹等练习，可以有效地强化腹直肌，提升其力量和耐力，从而增强核心稳定性。

仰卧起坐

· 腰方肌

腰方肌呈长方形，位于腹后壁，紧邻腰大肌的外侧。它起自髂嵴后部，向上止于第12肋和第1～4腰椎横突。

当单侧腰方肌收缩时，它能够让脊柱向同侧弯曲；而当双侧腰方肌同时收缩时，它们可以帮助脊柱后伸。此外，在深呼吸的过程中，腰方肌有助于固定第12肋骨，以稳定膈肌的下部分，从而辅助呼吸。在各种活动中，腰方肌通过稳定腰椎来帮助维持良好的身体姿态。

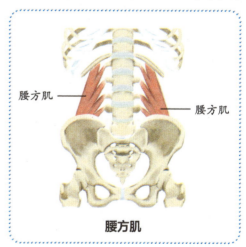

腰方肌　　　　　腰方肌

腰方肌

如果腰方肌受到损伤，可能会降低脊柱的稳定性，影响运动表现，并可能引起腰痛。因此，加强对腰方肌的锻炼是至关重要的。平板支撑和游泳式挺身等动作，能够有效锻炼腰方肌，增强腰部的肌肉力量。

上肢肌

上肢肌由上肢带肌、臂肌、前臂肌和手肌组成。上肢肌使我们能够抬起、移动和放下手臂，执行挥手、指点、拥抱等多种动作。手部和前臂的肌肉群使我们能够执行抓握、操作和释放物体的动作，这对于执行日常任务，如拾取物品、打字、书写、烹饪等是必不可少的。此外，上肢肌还支持肩关节的多种运动，如上举、旋转和伸展，这对于穿衣或参与体育活动等至关重要。

上肢带肌

上肢带肌环绕肩关节分布，均起自上肢带骨，止于肱骨。上肢带肌分为浅层和深层两部分。浅层主要包括三角肌，而深层则包括冈上肌、冈下肌、小圆肌、大圆肌和肩胛下肌等。

上肢带肌使肩部能够执行伸展、外展、内收和旋转等多种动作。在站立、行走或进行其他活动时，上肢带肌有助于保持身体平衡。在进行投掷、击打或其他需要将力量从躯干传递到手臂和手的动作时，上肢带肌扮演着至关重要的角色。此外，肩胛下肌、冈上肌、冈下肌和小圆肌对稳定肩关节也起着重要作用。

· 三角肌

三角肌位于肩部，呈三角形，是肩部的主要肌肉之一。它起始于锁骨的外侧1/3、肩峰和肩胛冈，肌纤维向外下方集中，并在肱骨外侧的三角肌粗隆处终止。三角肌包绕肩关节除下内侧外的各个面，形成肩部的圆隆外形。

三角肌的主要功能是使肩关节外展，即手臂向侧面抬起。其前部肌束有助于肩关节的屈曲和内旋，后部肌束则负责肩关节的伸展和外旋。当三角肌瘫痪或萎缩时，肩峰突出于皮下，使肩部失去正常的圆隆外观，呈现方形。

在执行如推举、举重和投掷等动作时，三角肌可为肩部提供必要的力量支持。在游泳、网球、排球和篮球等需要肩部力量的运动中，三角肌的功能尤为关键。此外，通过对三角肌的锻炼，还可以塑造肩部线条，增强肩部的外观美感。

· **冈上肌**

冈上肌位于斜方肌深面。它起自肩胛骨的冈上窝，即肩胛骨上部的一个凹陷区域。其肌束向外，经过肩峰和喙肩韧带的下方，最终止于肱骨大结节的上部。

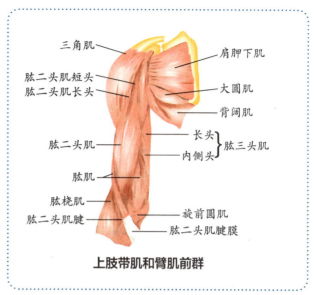

上肢带肌和臂肌前群

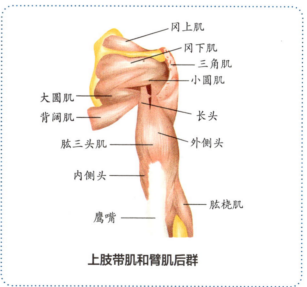

上肢带肌和臂肌后群

冈上肌的主要职责是促进肩关节外展，也就是将手臂从身体侧面抬起。它与冈下肌、小圆肌和肩胛下肌等肌肉协同作用，为肩关节提供动态的稳定支持。

在进行手臂外展或其他复杂动作时，冈上肌通过将肱骨头向下压，确保其稳定在肩关节的关节盂内，防止肩关节出现脱位或异常运动。

哑铃侧平举是锻炼冈上肌的有效方式之一。在执行该动作时，应保持肘部略微弯曲，这有助于增强肌肉的紧张度。此外，利用弹力带进行肩关节的外旋练习也能有效地锻炼冈上肌。在锻炼时，应注意选择适当的锻炼强度和保持正确的姿势，以防受伤。

哑铃侧平举

· **冈下肌**

冈下肌位于肩胛骨的冈下窝内，起始于冈下窝，肌纤维向外延伸并形成肌腱，经过肩关节囊的后方，最终附着于肱骨大结节的中部。

当冈下肌收缩时，肩关节可进行外旋。作为肩关节最强的外旋肌之一，冈下肌能够帮助上肢进行后伸和外旋动作，例如，在过头投掷和击打运动中，冈下肌可以使动作更加流畅、有力。此外，冈下肌与小圆肌协同工作，能够将肱骨头向后稳定在关节窝内，从而防止肱骨头与肩胛骨的喙突发生撞击。

· **小圆肌**

小圆肌位于冈下肌下方，起自肩胛骨外侧缘上 2/3 的背面，肌束向上外侧移行，转变为肌腱，经过肩关节囊的后面，止于肱骨大结节的下部。

当小圆肌收缩时，肩关节可进行外旋，即手臂向身体外侧旋转。在手臂进行过头动作，如投掷或击打的预备阶段，小圆肌与冈下肌协同完成肩关节的外旋。

在执行扔、拉、投掷等复杂动作时，小圆肌可与大圆肌、背阔肌及胸大肌的肋部纤维协同作用，降低抬高的手臂，并控制其下降速度，以减轻对关节的冲击。

· 大圆肌

大圆肌位于小圆肌下方，起始于肩胛骨下角的背面，其肌纤维向上外侧集中，穿过手臂内侧及肱三头肌长头的前方，最终附着在肱骨小结节嵴上。

大圆肌收缩能够实现肩关节后伸，即向后移动上臂，使其远离身体正前方。它也协助肩关节内收，即将手臂向身体的中线拉近，这在执行将物体拉近身体的行动时非常重要。此外，大圆肌还参与肩关节的内旋动作。引体向上是一种经典的锻炼大圆肌的方式，通过使用宽握距来执行引体向上，可以更有效地刺激和锻炼大圆肌。

· 肩胛下肌

肩胛下肌呈三角形，位于肩胛骨的前面。它起自肩胛下窝，肌纤维向上外侧延伸，穿过肩关节囊的前部，并在肱骨小结节处终止。

肩胛下肌收缩能够促使肩关节实现内收。作为盂肱关节的关键内旋肌之一，它能够产生强大的力来使肱骨向内旋转。作为肩袖的一部分，肩胛下肌有助于在进行大幅度动作时保持肩关节的稳定性。

此外，锻炼肩胛下肌的方式多样，例如，可以使用弹力带进行肩关节内旋练习，通过固定上臂并进行内旋动作来锻炼肩胛下肌；躺在平板凳上，手持哑铃进行弯举，也有助于加强肩胛下肌。

臂肌

臂肌覆盖着肱骨，分为前群和后群。前群主要包括肱二头肌等屈肌，而后群主要由肱三头肌等伸肌组成。在各种体育活动中，臂肌发挥着至关重要的作用。

无论是投掷、举重、卧推、游泳还是其他需要手臂力量的活动，臂肌都是力量的主要来源。它们协

卧推

助控制手臂的运动，提高动作的准确性和协调性。在运动过程中，臂肌还能帮助维持关节的稳定性，从而降低受伤的风险。

通过锻炼臂肌能够提升手臂的灵活性和活动范围。在网球、羽毛球等需要快速反应的体育项目中，臂肌提供了必要的速度。而在攀岩、举重等需要抓握力的运动中，臂肌则提供了必要的力量。

臂肌的功能对运动员来说至关重要，无论是专业运动员还是运动爱好者，都需要通过适当的训练来加强臂肌的功能。

· 肱二头肌

肱二头肌呈梭形，近侧端有长、短两个头，长头起自肩胛骨盂上结节，通过肩关节囊，经肱骨结节间沟下降，周围有结节间腱鞘包裹；短头位于长头内侧，起自肩胛骨喙突。长头和短头在手臂下部合并成一个肌腹，然后转变为肌腱，止于桡骨粗隆。

肱二头肌收缩能够使肘关节屈曲，即弯曲手臂，将前臂向肩膀移动。当手臂处于旋前状态（手掌朝上）时，肱二头肌可以使其旋后（手掌朝下）。在某些动作，比如引体向上的起始动作中，肱二头肌还能辅助肩关节前屈。

通过使用直杠或曲杠哑铃进行弯举动作，可以锻炼肱二头肌的长头和短头。通过调整握距，能够锻炼肱二头肌的不同区域。此外，还可以通过单臂弯举、双臂同时弯举、托举等不同的训练动作来增强肱二头肌。

· 肱三头肌

肱三头肌近侧端有长头、内侧头和外侧头三个头。长头从肩胛骨盂下结节开始，向下穿过大圆肌和小圆肌之间，肌纤维于外侧头的内侧和内侧头浅面下降。外侧头和内侧头分别起自肱骨后面的桡神经沟外侧和内侧。这三个部分最终合并成一个强有力的肌腱，附着在尺骨鹰嘴。

肱三头肌的主要作用是伸直肘部，即把手臂从弯曲状态变为伸直状态。长头除了参与肘部伸直，还能使肩关节向后伸展和向内收拢。在进行俯卧撑下降动作时，肱三头肌协助肩关节后伸。在进行划船等向后伸展手臂的动作时，肱三头肌协助肩关节内收。在进行推举，特别是在手臂举过头顶的动作中，肱三头肌可以稳定肩关节。

前臂肌

前臂肌环绕着桡骨和尺骨，主要由长肌组成，其中近端是肌腹，远端则延伸为细长的肌腱。前臂肌分为前屈肌群和后伸肌群。主要负责肘关节、腕关节和手关节的运动。

在各种体育活动中，前臂肌发挥着关键作用，帮助抓握和操控各种运动器材，如球拍、球棒和哑铃等。在需要精细动作的运动中，如乒乓球、高尔夫球、射箭，前臂肌协助控制手部的精细动作。在长时间的运动中，如骑自行车或长跑，前臂肌有助于保持手臂和手部的稳定姿势。通过适当的锻炼，可以增强前臂肌的力量，这对于提升运动表现和预防受伤具有重要意义。

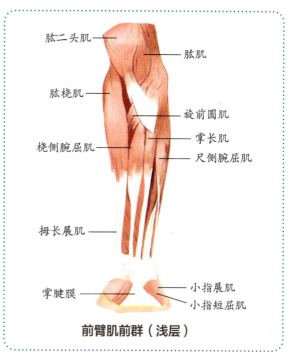

前臂肌前群（浅层）

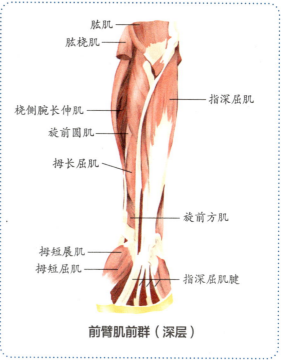

前臂肌前群（深层）

· 前屈肌群

前屈肌群包括桡侧腕屈肌、
尺侧腕屈肌等，主要负责手腕
和手指的弯曲动作。桡侧腕屈
肌以长腱止于第2掌骨底掌面，
其主要功能是使手腕向下弯曲
和向外转动，同时它也协助肘
关节弯曲。尺侧腕屈肌则通过
肌腱连接到豌豆骨，其主要功
能是使手腕向下弯曲和向内转
动，同样也能够协助肘关节
弯曲。

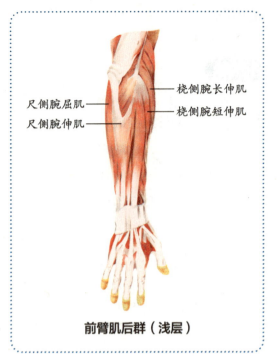

尺侧腕屈肌 —
尺侧腕伸肌 —

— 桡侧腕长伸肌
— 桡侧腕短伸肌

前臂肌后群（浅层）

在进行手部和腕部的动作
时，如抓握和提起物品，桡侧腕屈肌和尺侧腕屈肌通常会协同作用，以提
供稳定性和所需的力量。在进行日常活动，如打字、书写或使用工具时，
桡侧腕屈肌和尺侧腕屈肌同样扮演着关键角色。

· 后伸肌群

后伸肌群包括桡侧腕伸肌、尺侧腕伸肌等，主要负责手腕和手指的伸
展动作。桡侧腕长伸肌的肌腱延伸到手背，止于第2掌骨底。桡侧腕短伸
肌位于桡侧腕长伸肌的后内侧，止于第3掌骨底。

桡侧腕伸肌的功能是使手腕向上弯曲和向外转动，实现腕关节的伸展
和外展。尺侧腕伸肌与尺侧腕屈肌一起工作，使手腕向内转动，实现腕关
节内收。桡侧腕伸肌协同桡侧腕屈肌，除了外展腕关节，还辅助肘关节伸展。
在拇指向外伸展时，尺侧腕伸肌通过协同收缩，有助于防止手部不适当的
外展。

进行反握杠铃或哑铃的腕弯举动作，是锻炼桡侧腕伸肌的有效方法。
通过使用哑铃进行腕部伸展练习，可以有效锻炼桡侧腕伸肌和尺侧腕伸肌。

下肢肌

下肢肌由髋肌、大腿肌、小腿肌和足肌组成。下肢肌是我们身体重量支撑的基础，它们使我们能够执行行走和跑步等基本动作，并确保运动时身体的稳定性。

在需要爆发力的运动中，如跳跃和冲刺，下肢肌提供了必要的推进力。在爬楼梯或斜坡时，下肢肌帮助我们克服重力，提供向上的推动力。

髋肌

髋肌又称为盆带肌，起于盆骨的内面和外面，跨越髋关节，终止于股骨上部，主要负责髋关节的运动。根据它们的位置和功能，髋肌可以分为前群和后群。前群包括髂腰肌和阔筋膜张肌；后群则包括臀大肌、臀中肌、臀小肌和梨状肌等。

髋肌在支撑我们的身

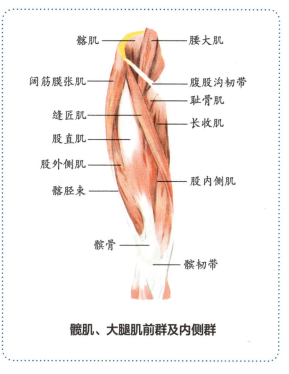

髋肌、大腿肌前群及内侧群

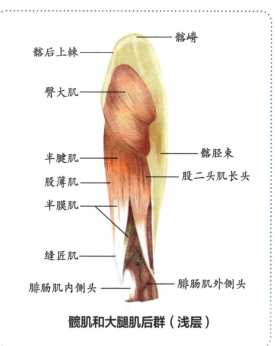

髋肌和大腿肌后群（浅层）

体重量和维持骨盆稳定方面发挥着关键作用。特别是臀大肌和髂腰肌，在行走和跑步时，它们是推动腿部向前和向后移动的主要力量。臀中肌和臀小肌在运动中协助我们进行转身和旋转动作。

在需要爆发力的运动中，如跳跃和冲刺，髋肌提供了必要的推进力。在爬楼梯或斜坡时，它能帮

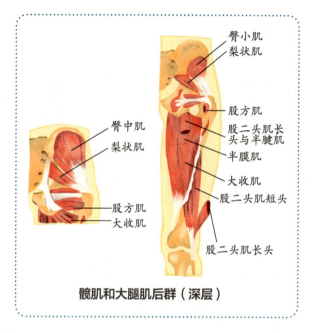

髋肌和大腿肌后群（深层）

助我们克服重力，提供向上的推动力。通过深蹲、硬拉、臀桥等动作，可以有效增强髋肌力量，提高髋肌的灵活性。

·髂腰肌

髂腰肌由腰大肌和髂肌两部分组成。腰大肌位于脊柱腰部的两侧，起自腰椎体侧面和横突；髂肌位于腰大肌外侧，呈扇形，起自髂窝。两肌向下会合，经过腹股沟韧带的深面，止于股骨小转子。

髂腰肌收缩能够引起髋关节前屈和外旋。髋关节前屈涉及将大腿拉近身体的动作，常见于跑步、步行、上楼梯等活动。外旋则是使大腿向外侧旋转的动作。当下肢固定不动时，髂腰肌收缩则能够使上身向前弯曲，如仰卧起坐时的动作。在需要迅速弯曲髋关节的运动中，如跑步或踢足球，髂腰肌的力量和灵活性对于提升运动表现非常关键。

·阔筋膜张肌

阔筋膜张肌位于大腿上部前外侧，起于髂前上棘。阔筋膜张肌的主体部分被阔筋膜所包裹，向下移行于髂胫束，止于胫骨外侧髁。

阔筋膜张肌是实现髋关节屈曲的关键肌肉之一，它在我们行走、奔跑

或是跳跃时，协助将大腿拉近身体。除了屈曲髋关节，阔筋膜张肌在协助大腿靠近躯干的同时，也负责辅助大腿进行外旋动作。在进行仰卧起坐这类动作时，如果下肢保持不动，阔筋膜张肌收缩能够带动躯干向前弯曲。在进行仰卧举腿、俯卧撑、侧卧举腿和深蹲等动作时，阔筋膜张肌也都在积极地参与运动。

· 臀大肌

臀大肌是位于我们臀部表层的一块宽大而厚实的肌肉。它起自髂骨翼外面和骶骨背面。臀大肌的肌肉纤维以斜向下外的方向排列，最终连接到髂胫束和股骨的臀肌粗隆。

当臀大肌活跃起来，它主要执行两个动作：一是伸展髋关节，也就是帮助我们把大腿向后推直；二是让髋关节外旋，也就是帮助我们把大腿向外转动。如果下肢保持稳定，臀大肌收缩还能够帮助我们拉直上半身，避免身体向前倒。深蹲、硬拉、臀翘等动作都是锻炼臀大肌的良好方式。

· 臀中肌与臀小肌

臀中肌的前上部分位于皮下，而后下部分则隐藏在臀大肌的深面。臀小肌则更加深入，位于臀中肌的下面。这两块肌肉的形状类似扇子，起点处较宽，肌肉纤维向一个方向收拢。它们都起始于髂骨翼的外侧，肌肉纤维向下集中，最终连接到股骨大转子。

臀中肌和臀小肌的主要职责是让髋关节向外展开，协助腿部向身体两侧伸展。臀中肌的前部能够促使髋关节内旋，让腿部向身体的中心线转动；而后部则负责髋关节的外旋，即腿部向外转动。当我们单脚站立时，这两块肌肉协同工作，帮助稳定骨盆，防止身体向抬起腿的一侧倾斜。在走路或跑步的时候，它们也参与控制腿部的动作，同时保持骨盆的稳定。

单脚站立

· 梨状肌

梨状肌位于臀中肌的下方，是臀部的一块深层肌肉。它起于盆内骶骨的前面和骶前孔的外侧，肌束向外，通过坐骨大孔到达臀部，止于股骨大转子尖端。

梨状肌收缩，主要负责两个动作：一是外展髋关节，协助腿部向体侧展开；二是在髋关节屈曲不超过 90 度时，帮助髋关节进行外旋动作，让腿部向外转动。

强化梨状肌的力量有助于增强髋关节的稳定性。运动者可以通过臀桥、侧卧髋关节外旋、深蹲、爬楼梯等动作锻炼梨状肌，提升其功能。

大腿肌

大腿肌由前侧肌群、后侧肌群和内侧肌群组成。前侧肌群主要包括缝匠肌和股四头肌；内侧肌群包括耻骨肌、长收肌和短收肌等；而后侧肌群主要由股二头肌等组成。

在行走和跑步过程中，大腿肌发挥着控制腿部运动的关键作用。跳跃时，它们提供必要的力量和爆发力，使我们能够向上跃起。在短跑冲刺中，大腿肌协助我们快速提升速度并保持高速前进。通过深蹲、硬拉、弓步等练习，可以有效地增强运动者大腿肌的力量和耐力。

· 缝匠肌

缝匠肌是位于大腿前部和内侧的一块扁平带状肌肉，它是人体最长的肌肉，位于肌肉层的较浅处。缝匠肌从骨盆的髂前上棘开始，斜穿过大腿，最终附着在胫骨上端的内侧。

在进行跑步、步行及爬楼梯等活动时，缝匠肌协助我们拉近大腿与身体的相对位置，

爬楼梯

完成髋关节的屈曲动作。同时，它也参与了膝关节的弯曲过程。此外，当膝盖弯曲时，缝匠肌还负责让小腿向内旋转。我们可以通过日常活动中反复进行髋关节和膝关节的屈曲动作来锻炼缝匠肌，如上下楼梯。这些动作不仅涉及膝盖和髋部的弯曲，还包括小腿的内旋，都是锻炼缝匠肌的有效方式。

·股四头肌

股四头肌位于大腿的前侧，是人体最大的肌肉。它由四个独立的头组成，即股直肌、股内侧肌、股外侧肌和股中间肌。股直肌起点在髂前下棘；股内侧肌和股外侧肌的起点分别在股骨的粗线内侧唇和外侧唇；股中间肌位于股直肌的深面，介于股内侧肌和股外侧肌之间，起点在股骨体的前面。四个头向下构成髌腱，包绕髌骨的前面和两侧，向下续为髌韧带，止于胫骨粗隆。

在功能上，股四头肌的主要职责是伸直膝关节，它帮助我们把弯曲的膝盖拉直。尽管髋关节的屈曲主要是由髂腰肌和缝匠肌等肌肉来完成的，但股四头肌在这一动作中也扮演着辅助角色。为了强化股四头肌，我们可以进行深蹲、腿举、腿弯举、腿屈伸、箭步蹲、跳跃训练、爬楼梯等锻炼。这些锻炼有助于提升股四头肌的力量和耐力，从而优化运动表现并降低受伤的风险。

·股二头肌

股二头肌位于股后部外侧。有长、短两个头，长头的起点是坐骨结节，短头的起点是股骨粗线，两头会合后，止于腓骨头。

股二头肌收缩，可使大腿向外旋转，也可使膝关节屈曲，使得小腿向臀部拉近。股二头肌的长头还参与髋关节的伸展动作。当大腿向后上方抬起时，长头会帮助髋关节实现伸展，这样的动作在跑步或向后踢腿时尤其重要。此外，股二头肌也对维持我们骨盆的稳定性起着关键作用，并且在我们走路、跑步或跳跃时帮助腿部运动。通过深蹲、腿举、箭步蹲等锻炼，可以提高股二头肌的力量和灵活性，改善运动表现，并降低受伤的风险。

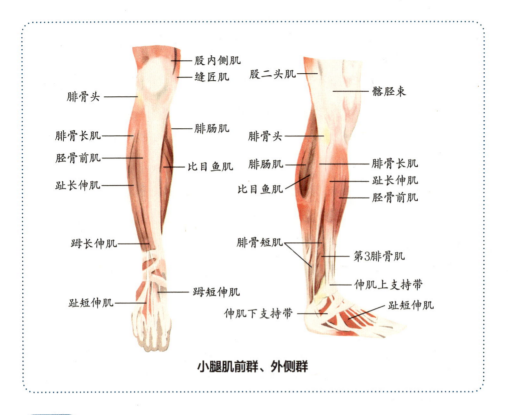

股内侧肌
缝匠肌
股二头肌
腓骨头
髂胫束
腓骨长肌
腓肠肌
胫骨前肌
腓骨头
比目鱼肌
腓肠肌
腓骨长肌
趾长伸肌
比目鱼肌
趾长伸肌
胫骨前肌
踇长伸肌
腓骨短肌
第3腓骨肌
伸肌上支持带
踇短伸肌
趾短伸肌
趾短伸肌
伸肌下支持带

小腿肌前群、外侧群

小腿肌

　　小腿肌由前群、外侧群和后群组成。前群包括胫骨前肌、趾长伸肌和踇长伸肌，外侧群由腓骨长肌和腓骨短肌组成，而后群主要包括腓肠肌和比目鱼肌等。

　　在行走和跑步时，小腿肌，特别是腓肠肌和比目鱼肌，发挥着推动身体前进的关键作用。小腿肌还有助于在站立、行走中保持身体的平衡。跳跃或落地时，小腿肌可以协助减轻对踝关节和膝关节的冲击。此外，在踢球或其他需要将力量从下肢传递到上肢的动作中，小腿肌发挥着关键作用。

·胫骨前肌

　　胫骨前肌起自胫骨上端外侧面，肌腱向下经过伸肌上、下支持带的深面，止于内侧楔骨的内侧面和第1跖骨底。

　　胫骨前肌主要负责背屈踝关节，也就是提起脚尖的动作，因此它在走路、奔跑、跳跃时发挥着重要作用。此外，胫骨前肌还参与了足内翻的动作，帮助我们将脚掌向内转动。它还对保持足内侧弓形结构的稳定性起着关键作用，这有助于我们在行走和跑步时保持稳定。锻炼胫骨前肌可以通过做踝关节背屈的动作，如脚尖站立、提起脚跟后慢慢降下，这样的练习能有效增强胫骨前肌的力量和功能。

· 趾长伸肌

趾长伸肌起自小腿的多个部位，包括腓骨的前面、胫骨上端，以及小腿骨间膜，向下经过伸肌上、下支持带的深面。趾长伸肌在足背分成 4 条肌腱，延伸到第 2 ~ 5 趾的背面，形成趾背腱膜，止于这些足趾的中节和远节趾骨底。

跑步

在行走和跑步中，趾长伸肌协助踝关节进行背屈的动作，帮助脚尖向上抬起。在跳跃动作中，它帮助脚尖上翘，以增加跳跃的力度。当需要运用脚趾的力量时，比如在站立或保持平衡的情况下，它有助于伸展脚趾。进行踝关节的背屈练习，比如坐着或站立时有意识地抬高脚趾，然后缓缓放下，重复这一过程能够有效锻炼趾长伸肌。

· 跗长伸肌

跗长伸肌位于胫骨前肌和趾长伸肌之间。它起自胫骨和腓骨的上端，以及骨间膜的前面。跗长伸肌的肌纤维向远端延伸并转变为肌腱，最终止于跗趾远节趾骨底的背面。

跗长伸肌的主要作用是伸展大脚趾，帮助完成如行走、跑步、跳跃等动作时的脚趾抬起。它参与脚背屈的动作，有助于在站立和行走时提供更好的稳定性和推进力。可以通过做踝关节背屈的动作来锻炼，比如坐着或站着时有意识地抬高大脚趾，然后缓慢降低，能有效强化跗长伸肌。

·小腿三头肌

小腿三头肌是由浅层的腓肠肌和深层的比目鱼肌组成的复合肌肉。腓肠肌有两个头，即内侧头和外侧头，分别起始于股骨的内侧和外侧上髁的后面。比目鱼肌位于更深层，起始于腓骨的上部和胫骨比目鱼肌线。腓肠肌和比目鱼肌的肌腱最终合并形成粗大的跟腱，并附着在足跟骨上。

小腿三头肌收缩，能够屈曲踝关节和膝关节。在走路、跑步、跳跃等活动中，小腿三头肌能够通过屈曲踝关节和膝关节来推动身体前进。在站立时，小腿三头肌有助于保持身体的平衡，防止身体向前倾斜。通过提起脚跟的方式可以锻炼小腿三头肌，如坐在椅子上，用小腿的力量提起脚跟，这个动作可以有效锻炼小腿三头肌。

核心肌群

经常运动的人都知道，核心力量在每天的体育训练中至关重要。而增强核心力量的关键就是塑造强健的核心肌群。那么，核心肌群究竟指什么呢？

核心肌群位于腹部前后，环绕着身躯，负责保护脊柱稳定，连接身体上、下肢，使它们能够协同工作。

核心肌群根据其作用和位置可以分为两类。

第一类是深层核心肌群，这些肌肉位于身体内部较深的位置，包括腹横肌、腰大肌、腹内斜肌后部、膈肌和髋肌等。其中一些肌肉直接附着在脊柱上，通过收缩来稳定相邻的椎体。另外一些肌肉则通过共同工作来调整腹部压力，保持椎体间的平衡，并确保腰椎处在恰当的位置。

第二类是表浅核心肌群，这些肌肉位于身体表面较浅的位置，包括腹直肌、腹内斜肌、腹外斜肌、竖脊肌、腰方肌和臀部肌群等。它们主要负责控制脊柱的运动，并产生足够的力量来转动身体。这些肌肉能够承受作用在躯干上的外力，帮助保持脊柱的整体姿势，构成了脊柱稳定的第二层保护。

脊柱作为身体的中轴，依靠周围肌肉的支撑来维持其恰当的位置、发挥正常功能。长时间保持脊柱的不良姿势，如长时间坐着或低头工作，会增加某些肌肉的紧张度，同时减少其他肌肉的活动量，可能会导致肩部和背部肌肉出现疼痛。此外，如果核心肌肉的力量不足，脊柱的稳定性就会降低，可能导致脊柱弯曲，形成驼背。驼背不仅会增加颈椎的压力，导致颈椎磨损，还可能降低胸椎的活动性，进而影响腰椎的稳定性。

通过锻炼核心肌群的局部动作，可以增强核心肌肉的耐力，使它们能够更有效地支撑身体上半部分，从而改善身体姿态。例如，硬拉、深蹲、俯卧撑、倒立撑、引体向上、仰卧起坐和悬垂举腿等动作，都能有效锻炼核心肌群。在进行核心肌群训练时，维持恰当的身体姿势和确保核心肌群的紧张与稳定、掌握正确的呼吸方法都是提升核心肌群的活力与稳定性的关键。

另外，核心肌群的训练不应与身体其他部位的训练分开。结合力量训练、有氧运动和柔韧性训练，可以全面提升身体素质和核心肌肉的力量。

硬拉

肌肉工作原理揭秘

肌肉是构成我们身体的精密机器，是实现动作协调和维持身体形态的关键因素。深入了解肌肉在运动中的生物力学原理，能够帮助我们揭秘肌肉组织的细微构造，了解其在运动中的变化过程，以便我们更好地进行针对性的锻炼。

肌肉的工作原理主要依赖肌纤维的收缩与舒张，这一过程是由神经信号引发的一系列生物化学反应所控制的。肌纤维与控制它们的运动神经元相连，这些神经元充当大脑与肌肉之间的信息传递者。大脑通过神经网络发出指令，当特定的神经细胞接收到来自大脑的指令后，触发肌肉的收缩。肌肉根据接收到的信号强度进行不同程度的收缩，从而产生相应大小的力量。肌肉的这种收缩作用于附着的骨骼，使关节活动，进而实现身体的运动。

通过力量训练能够使肌纤维增粗，从而产生更强的力量。耐力训练则能提高肌纤维持续工作的能力。掌握肌肉的工作原理和锻炼方法，可以帮助我们制订更高效的训练方案，降低受伤的风险，并提升运动表现。

肌肉收缩与舒张：动作的基础

肌肉收缩与舒张是人体动作的基础，是由神经系统控制的复杂生物过程。肌肉收缩的原理与肌肉的结构密切相关。人体的每块肌肉都是由众多运动单位构成的，每个运动单位包括一个运动神经元和它所支配的多条肌纤维。当我们想要执行一个动作时，大脑会通过神经网络发送信号至相关肌肉。神经信号抵达这些运动单位时，就会触发肌纤维的同步收缩。

哑铃弯举

这一过程中，构成肌纤维的肌原纤维，其内部的粗肌丝与细肌丝会产生相互作用。粗肌丝上的小钩子，也称为横桥，当胞质中钙离子浓度升高，这些钙离子与粗肌丝的结合位点结合，使得横桥能够与细肌丝上的位点相连接。这种连接可使粗肌丝将细肌丝向中心拉拢，使得肌节缩短，肌纤维随之收缩。

当神经信号停止时，钙离子从粗肌丝上的结合位点脱离，返回到胞质中，导致横桥缩回，与细肌丝上的结合位点分离。粗肌丝不再拉动细肌丝，肌节、肌原纤维和肌纤维都恢复到原来的长度，肌肉舒张。

　　肌肉收缩的强度和速度受横桥的数量及其活动频率影响。若需增加力量输出，神经系统会增加信号，激活更多肌纤维。若需提升动作速度，横桥的活动频率会相应提高。对运动爱好者来说，深入了解肌肉收缩的原理，有助于更好地进行训练、提高运动表现。

　　此外，肌肉通过收缩产生拉力，但不能产生推力，因此，即使是简单的动作也需要多块肌肉合作完成。执行主要动作的肌肉被称为原动肌，而与之作用相反的肌肉则被称为对抗肌。原动肌与对抗肌在功能上是相互对立的。当原动肌收缩拉动骨骼时，对抗肌则舒张，允许骨骼移动。原动肌收缩完成后，对抗肌接着收缩，将骨骼复位。比如，手臂上的肱二头肌和肱三头肌就是一对典型的原动肌与对抗肌，它们的运动方向相反。肱二头肌负责弯曲手臂，而肱三头肌则负责伸直手臂。当肱二头肌活跃并收缩时，它会带动前臂向上移动并弯曲肘关节，而此时肱三头肌则处于舒张状态；反之，当肱三头肌活跃并收缩时，肱二头肌则舒张，使手臂伸直。在整个动作过程中，原动肌和对抗肌的交替活动确保了动作的流畅性。

　　在身体运动的过程中，肌肉之间的协同和对抗关系是动态的，会根据运动的方向和需求而变化。例如，在哑铃弯举动作中，肱二头肌是主要的收缩肌肉，属于原动肌，肱三头肌属于对抗肌；而在进行卧推时，肱三头肌则成为原动肌。

　　在进行体育动作时，原动肌处于收缩状态，而对抗肌则处于被拉长的状态。如果对抗肌缺乏足够的柔韧性，不仅会增加肌拉伤的风险，还可能减少关节的活动幅度。因此，在进行锻炼时，我们不仅要增强原动肌的力量，也要重视提高对抗肌的柔韧性和伸展能力。

肌肉耐力与力量训练：持久与强壮

　　北京体育大学运动人体科学学院的苏浩副教授说，耐力分为两大类：第一类是心肺耐力，指进行持续高强度有氧锻炼的能力，如马拉松。第二

类是肌肉耐力，指肌肉在长时间
或反复动作中持续发力的能力，
如长时间保持平板支撑姿势或连
续进行深蹲练习。增强肌肉耐力
能使运动者在持久锻炼中保持能
量，同时延缓疲劳的发生。不论
是长跑、骑行还是游泳，肌肉耐
力都决定着个人在运动中所能持
续的时间及达到的强度。

跑步

　　肌肉耐力的影响不仅限于运动表现，同样影响着肌肉在间歇期的恢复
速度。肌肉恢复速度的提升意味着能够迅速进入下一轮训练，增加单位时
间内的总训练量。在长距离跑步或自行车赛等耐力项目中，较高的肌肉耐
力意味着更佳的比赛成绩。这表示运动员可以以更高的强度训练更长时间，
且不会那么快感到疲劳。

　　提升肌肉耐力的关键在于增加动作的重复频率，而非增加负重。推荐
的做法是，每组动作至少重复 15 次，采用适量的阻力，并在组间保持较短
的休息时间。

　　相比之下，力量训练则更加侧重于增加肌肉的力量和体积，帮助提升
肌肉的爆发力和最大力量。这种训练通常涉及较重的负荷，较少的动作重
复次数，并在组与组之间提供较长的休息时间。

　　力量训练可以使用哑铃、健身器材或进行俯卧撑、仰卧起坐等依靠自
身体重进行训练，目的是通过对抗阻力来增加肌肉所能承受的重量。这种
训练强调在不损伤关节和韧带的前提下，通过肌肉的强力收缩来实现目标。
其核心不是长时间的能量燃烧，而是通过短时间的高强度训练来锻炼肌肉。

　　成年人通过坚持进行力量训练，能够提升肌肉的力量，强化核心肌群，
增强身体的稳定性与平衡能力，还能加速新陈代谢，并有助于防止因年龄
增长导致的肌肉质量减少。

　　尽管耐力训练与力量训练侧重的领域不同，但它们的关系是相辅相成的。在进行力量训练时，肌肉力量得到提升，使得人在长时间活动中更不易感到疲劳，从而增强了肌肉的耐力。同时，长时间的耐力训练促使肌纤维适应并变得更加强壮，也能促进肌肉力量的增长。

　　总的来说，尽管耐力训练和力量训练针对的是不同的生理适应机制，但通过恰当的训练规划和技巧，可以同时提升这两种训练的效果，共同提高身体的运动表现。

不同运动对肌肉的影响

　　运动的分类方式多种多样，最常见的就是分为有氧运动和无氧运动。

　　有氧运动依靠氧气来产生能量，通过燃烧脂肪来满足运动期间的能量需求。由于氧气供应充足，有氧运动可以持续较长时间，适合耐力性运动，如健步走、慢跑、游泳、骑自行车、跳舞、瑜伽和打球等。这类运动能够提高心脏泵血效率和肺部氧气交换能力，有助于提高肌肉耐力、提升心肺功能。

　　无氧运动通常是在高负荷下进行，使肌肉在缺氧的状态下产生能量，这可能会导致肌纤维的微小损伤。在修复和重建这些受损肌纤维的过程中，肌纤维变得更加粗大和强健，从而提升肌肉的力量和体积。无氧运动更有助于增强肌肉的力量和爆发力，适合力量训练和肌肉塑形，如举重、短跑、摔跤等。

　　无氧运动和有氧运动在肌肉锻炼方面各有侧重点：无氧运动侧重于提升肌肉的力量和体积，而有氧运动则侧重于提升肌肉的耐力和心肺功能。一个全面的健身计划通常会结合这两种运动方式，以达到更好的运动效果。这种综合训练有助于提升运动者整体健康状况，增强身体功能，并降低受伤的风险。

有氧运动：耐力与心肺功能

北京体育大学运动人体科学学院教授周越介绍说，运动就像汽车的发动机，需要燃料来提供动力。而人体的主要供能来源就是脂肪、糖类和蛋白质。当运动强度不高时，能量消耗相对较低，氧气有足够的时间被输送到组织细胞中进行代谢，这个过程被称为"有氧代谢"。

游泳

在这种情况下，身体通过燃烧脂肪来满足能量需求，这种运动被称为有氧运动。与举重、短跑、跳高、跳远、投掷等无氧运动不同，有氧运动的特点是强度适中、持续时间较长、节奏感明显、易执行且便于长期坚持，适合各个年龄段的人群参与。

在室内进行有氧运动时，人们通常会使用一些健身设备，如跑步机、健身自行车、动感单车、踏步机、爬楼机等。而在户外，有氧运动的选择则更为多样，包括快走、慢跑、游泳、骑自行车等。

有氧运动能够增强慢肌纤维的功能。而慢肌纤维又能够在进行如长跑、游泳和骑自行车等需要肌肉持续收缩的运动时，提供持久的动力。因而有氧运动能够帮助提升耐力。此外，在进行有氧运动时，肌肉内部的毛细血管网络会扩张。毛细血管是肌肉中的氧气和营养进行交换的场所，所以毛细血管的增加能够提高肌肉对氧气的吸收和使用效率，使得肌肉在长时间活动中能够更加高效地使用能量，增强机体的耐力。

除增强机体耐力外，有氧运动还有助于加强心肺功能。

为了满足增加的氧气和能量需求，心脏跳动会加速，以更高的效率将血液输送到全身，特别是正在积极工作的肌肉。长期坚持运动，可以使心肌变得更加强健、收缩更加有力，心脏的重量和容积可能会增加。

同时，随着运动强度的增加，呼吸中枢会促使呼吸频率加快，以吸入更多的氧气。呼吸肌（包括膈肌、肋间外肌和肋间内肌）也会得到锻炼，特别是膈肌，作为主要的呼吸肌，其运动范围在锻炼中会得到扩大，从而提升呼吸效率，增强肺部功能。

无氧运动：力量与肌肉增长

在进行高强度或需要爆发力的运动，如短跑、举重、投掷、跳水、跳高、跳远、拔河等训练时，人体需要迅速获取大量能量，而氧气的供应不足以支持细胞的燃烧过程，有氧代谢无法满足这种高耗能的需求。此时，体内糖分会通过无氧代谢的方式快速释放能量，以补充能量的不足，这种运动形式被称为无氧运动。无氧运动的特点是能够迅速提供能量，但能量总量有限。

跳高

与有氧运动相比，无氧运动不依赖长时间的低强度活动，也不需要通过增加呼吸和心跳来获取更多的氧气。无氧运动主要依赖肌肉内部储存的能量来快速供能。

无氧运动通过剧烈且短暂的锻炼，能够强化肌纤维，尤其是能够强化快速响应的快肌纤维，以增强肌肉的爆发力。通过施加超出常规活动强度的负荷或阻力，无氧运动能促使肌纤维受到刺激，导致微小的肌肉损伤。随后，身体修复这些损伤，通过扩大和增加肌纤维的数量来适应这种负荷，进而实现肌肉体积的增加。

无氧代谢的一个主要缺点在于体内糖分未能完全氧化，从而产生乳酸。乳酸在肌肉细胞内积累会降低细胞内的酸碱度，从而使人感到肌肉酸痛。

　　定期参与无氧运动训练，能有效增强肌肉的力量与爆发力。这种力量的增强不仅能提升日常活动的能力，还能改善运动表现。对专业运动员而言，无氧运动能够显著提升在需要快速发力和强大力量支持的运动项目中的竞技水平。

第三章

营养与运动健康——打造卓越表现的秘诀

营养素对运动表现的作用

　　运动和营养是两个密不可分的要素。如果进行大量的体育运动而不重视补充营养，人体会容易疲劳，运动表现将大打折扣。因此，对热爱运动的人来说，学习运动与营养的相关知识是非常重要的。掌握基本的营养学原理，是开启健康运动之旅的第一步。

　　随着公众对科学营养和运动健康意识的增强，运动营养学越来越受到运动爱好者的关注。在运动过程中，营养素能够及时补充运动中消耗的能量和各种必需的营养，最大限度地提高运动效果，帮助运动者实现运动目标。碳水化合物、脂类、蛋白质是其中最主要的三大营养素，了解它们在机体中是如何发挥作用的，能够帮助我们更好地理解营养补充的原理，科学补充营养，提高运动表现。

碳水化合物：快速能量供给

　　一说到控制体重，许多人立刻会想到：不吃碳水！在不少人的印象中，碳水化合物成了控制体重的大敌，是我们保持理想体重的阻碍。但事实真的如此吗？想要解答这个问题，我们首先需要弄清楚碳水化合物在人体中的作用机制。

当人体血液中的葡萄糖充足时，多余的葡萄糖可转变为糖原，储存于肝脏和肌肉中，分别称为肝糖原和肌糖原。因为肌肉分布广、质量大，而肝糖原通常是作为储备使用，所以肝脏中糖原的浓度较高，而肌肉中糖原总量较

大米饭

大。肝糖原的主要功能是保持血糖水平稳定，当血糖下降时，肝糖原可分解成葡萄糖，释放入血液，供机体使用，避免低血糖；肌糖原的主要功能是在人体进行剧烈运动并消耗大量血糖时被分解以释放能量。

人体在运动时，身体对能量的需求激增，导致储存的糖原被快速分解以供能。在这一过程中，身体对肝糖原的消耗速度会加快，以满足运动中对能量的迫切需求，维持血液中葡萄糖的水平。

随着运动强度的增加，肌肉对能量的需求迅速上升。当运动强度达到一定程度时，有氧代谢将无法满足肌肉的能量需求。肌肉便会转向无氧代谢途径，以迅速生成能量。在此过程中，肌糖原成为主要的能量供应物质。剧烈运动时，身体会启动无氧酵解，这是一种不需要氧气的产能方式，主要发生在肌肉细胞中。无氧酵解过程中会产生乳酸，乳酸在肌肉中积累，是导致肌肉疲劳和酸痛的主要原因之一。同时，乳酸也可以作为能量来源，随血液流至肝脏，在肝脏内被转化为肝糖原，再进一步转化为葡萄糖，供全身其他部位使用。

一旦肌糖原的浓度在运动过程中降低至 30 毫摩尔 / 千克以下，表明肌肉中的糖原储备已经显著减少。此时，人体便需寻找替代的能量来源，肌肉会开始更多地依赖血液中的葡萄糖来满足其对碳水化合物的需求，人体就会增加对血糖的依赖性。在大约两小时的高强度运动后，肝脏和参与运动的肌肉中的糖原几乎完全耗尽，血糖浓度最终会降到正常水平之下。如

果不及时摄入碳水化合物，那么运动员就很容易出现虚弱、头晕和运动意愿减弱等低血糖症状。不仅如此，肌糖原减少还会导致运动员产生疲劳感。如果肌糖原的水平继续下降，人的体能和运动能力会显著减弱，严重时甚至可能无法继续进行运动。

因此，耐力型运动员为了确保碳水化合物储备达到最佳水平，他们对碳水化合物的摄入量通常占总能量摄入量的 55% ~ 65%。同样，为了预防糖原的耗竭，我们在训练过程中必须确保摄入足够的碳水化合物，以维持持续且高强度训练和竞技的能力。运动者在日常饮食中应重视碳水化合物的摄入比例，确保其能量摄入与训练及恢复的需求相匹配。碳水化合物的摄入量需要依据运动项目、训练负荷、体重和个人新陈代谢等因素来进行个性化调整。

蛋白质：修复与增长

蛋白质是肌肉生长和修复的关键原材料，能够帮助肌肉在高强度运动后进行有效的修复和重建，促进肌肉生长。

参与力量训练或跑步等剧烈活动时，肌纤维受到压力，可能会发生轻微的撕裂或损伤。这是肌肉强化过程中的一个自然环

富含蛋白质的食物

节。一旦肌肉受损，身体便会自动触发炎症反应，吸引修复细胞至受损区域，清除被破坏的组织，并为新生细胞创造适宜的环境。

随着炎症反应的进行，肌肉的代谢活动增强，血液向肌肉的流动也更为迅速，身体会增加蛋白质的合成速度，以便修复和重建受损的肌纤维。为了促进肌肉的快速修复，身体必须通过饮食摄入充足的蛋白质，以补充必需氨基酸，满足蛋白质合成和肌肉重建的需求。因此，运动后的几个小

时内应摄入充足的蛋白质，向肌肉输送必需氨基酸，从而加速蛋白质的合成和肌肉的修复过程。

如果体内有充足的氨基酸供应，肌肉中蛋白质的合成速率将超过其分解速率，新的肌肉中蛋白质的合成超过了肌肉中蛋白质的分解，肌肉总量将会增长。因此，要想修复受损的肌纤维、促进新的肌纤维的生长、提高整体的运动表现，就必须根据个体的运动强度、目标及体重，制定蛋白质的摄入量。

脂肪：持久的能量储备

脂肪是人体中重要的能量储备方式，摄入量占总热量的 20% ~ 35%。如果人们从食物中摄取的能量超出了日常活动所消耗的能量，超出的部分就会以脂肪的形式储存于脂肪细胞内。这些脂肪细胞会根据身体的能量状况，进行脂肪的储存或释放。一旦能量摄入不足，无法满足身体运动的需要，身体就会分解储存的脂肪，释放能量，以保持正常的生理活动。

当我们在进行体育训练时，身体最初是依赖肝糖原和肌糖原来提供能量的。这是因为葡萄糖代谢速率快，能够快速释放

含不饱和脂肪酸的食物

能量以供身体即时使用，是身体获取能量的首选途径。在高强度的运动中，身体对能量的需求会急剧增加，脂肪转化为能量的过程较为缓慢，氧气的供应可能不足以支持脂肪的有效分解，因此脂肪的代谢会受到限制。例如，在参与短跑、举重及爬山等高强度锻炼时，人体的主要能量来源于碳水化合物。但随着运动时间的延长，脂肪的代谢作用会逐步增强，逐渐转变为身体的主要能量供给方式。脂肪将会被分解为脂肪酸和甘油，随后进入血

液，被输送至急需能量的肌肉细胞及其他身体组织。在这些细胞和组织内，脂肪酸和甘油经过氧化代谢，释放能量以供机体使用。

与碳水化合物相比，脂肪氧化能够持续供应能量，而且脂肪的储备量通常更加充足，因此它更适合长时间、低强度的有氧运动，对于长时间的耐力训练尤为重要。例如，在快走、慢跑、骑行、游泳等活动中，脂肪是主要的能量来源之一，对于延缓疲劳和提高运动耐力至关重要。

运动者应根据自己的具体情况，合理规划饮食和锻炼方案。建议饮食中脂肪摄入量达到30%，并且其中饱和脂肪酸、多不饱和脂肪酸和单不饱和脂肪酸各占1/3，以维持脂肪代谢的均衡，提高运动效率，并提升整体健康水平。

运动前后的营养策略

随着健身热潮的兴起，健身食品市场也日益繁荣，各种减脂餐、运动饮料、蛋白粉等产品琳琅满目。面对如此繁多的食品选择，运动爱好者在运动前后应该如何进行合理的饮食搭配呢？

合理的营养供应应该考虑每个人的活动量，同时也要考虑到个人参与体育活动或训练的特定需求，确保提供充足的能量、维生素、水分和矿物质等营养素，以满足身体在运动中的消耗，并促进身体的恢复。

参与运动会使人体的能量消耗迅速上升，因此运动者需要在运动前后及时补充需要的营养物质，以提高运动表现、调节能量平衡。建议将运动时间安排在饭后两小时以后，避免影响消化。运动后应先休息0.5～1小时再进食，避免增加患胃肠疾病的风险。

运动前推荐摄取一定量的碳水化合物，如富含纤维的饼干、酸奶、新鲜水果等易消化吸收的食品。这类食品能为身体补充必需的能量，提升耐力，延缓疲劳。

在运动过程中，身体会通过出汗等形式流失大量的水分和电解质。如果不及时补充水分，可能会导致脱水。因此，运动前后补充足够的水分和电解质对于维持身体的水分平衡和内环境的稳定极为重要。运动前适量饮水以维持水合状态，运动后则迅速补充流失的水分和电解质，以促进身体的快速恢复。

在锻炼结束后，摄入碳水化合物有助于迅速重建肌糖原、补偿运动期间的能量消耗、加速体能的恢复。此外，由于运动可能导致肌肉出现轻微损伤，适时补充优质蛋白有助于修复损伤、促进肌肉生长。

运动前的饮食：优化你的能量准备

碳水化合物不仅是身体获取能量的关键，也是运动时不可或缺的能量供给物质。在运动前摄入适量易吸收的碳水化合物，能够增加肌肉和肝脏的糖原储备，从而提高运动时的能量供应、延缓疲劳。如果碳水化合物摄入不足，可能会妨碍肌糖原和肝糖原的合成和储存，限制机体在耐力运动中的表现。

研究表明，在比赛前夕，运动员应当采取高碳水化合物（8~10克/千克体重）的饮食方案，同时配合降低训练强度，能够有效提升体内的糖原存储。在运动前2~4小时补充碳水化合物（200~300克），可以帮助达到糖原存储的峰值，进而提高运动表现。随着训练或比赛日期的临近，定期摄入含有6%~8%碳水化合物的食品，有助于稳定血糖水平，促进肝糖原的产生，有效预防低血糖。因此，为使营养摄入与运动需求相匹配，应科学地选择合适的碳水化合物类食物并控制摄入量，以确保运动时有充足的能量供给。

此外，适量补充蛋白质对于维持肌肉质量、支持肌肉修复和增长、减轻肌肉损伤和疲劳具有积极作用。适量摄入健康脂肪可以延缓胃排空，提供持久的能量。

运动前摄入易消化和快速转化的食物是有益的，这样可以确保身体拥有充足的能量，维持血糖和能量供应在适宜的水平。香蕉就是一种理想的天然食品，它含有较高的糖分，能够迅速提供能量，有助于满足运动时的营养需求。同时，可以选择食用如鸡胸肉、鱼或豆腐等优质蛋白质，以及坚果、鳄梨、橄榄油等富含健康脂肪的食物，以帮助身体建立稳定的能量供

给，提升耐力和运动表现。建议运动前不要摄入高脂肪和高纤维食品，这些食物会延缓胃排空的速度，在运动时引起胃肠道不适。因此，应尽量避免食用油炸食品、奶油蛋糕、豆类，以及西蓝花等纤维含量较高的蔬菜。

运动后的饮食：加速肌肉恢复与增长

国家体育总局体育科学研究所副研究员冯强曾介绍说："运动需要消耗大量能源物质，而我们大脑的能源物质以葡萄糖为主。如果运动后，体内没有足够的碳水化合物能够分泌出葡萄糖，来供应我们的神经系统，就会造成功能不适，所以运动前后补充一些糖分、碳水化合物、蛋白质等能量物质，从运动安全角度来讲是必要的。"因此，为了促进体力的有效恢复，运动后的饮食选择很关键。

运动后，由于身体的糖原储备被大量消耗，适量摄入碳水化合物可以帮助补充肝糖原和肌糖原，从而恢复身体的能量水平。推荐选择低升糖指数的碳水化合物，如全谷物面包、燕麦和水果，可以确保能量的稳定释放。

长时间的有氧运动不仅能够增强肌肉中蛋白质合成，还能延长营养在机体内的持续时间，这种效应至少可以维持 24 小时。因此，进行肌肉力量训练后，应该适量增加蛋白质的摄入，帮助促进肌肉修复和生长。推荐选择富含优质蛋白的食物，如鸡胸肉、鱼肉、鸡蛋、豆类等。还可以将含有碳水化合物的食物与富含蛋白质的食物搭配食用，如香蕉加低脂牛奶或面包加鸡蛋等，这样的搭配有助于优化身体的恢复过程。

此外，由于运动时大量出汗，身体会丧失大量水分和矿物质，包括钾、钠以及水溶性维生素。及时补充水分或运动饮料有助于恢复体内水分平衡，促进身体恢复和加速废物代谢。运动后，食用如马铃薯、香蕉、柑橘、橙汁和葡萄干等含有丰富的钾及B族维生素和维生素C的食物，有助于维持正常的神经冲动、肌肉收缩和心脏功能，加速处理体内积存的代谢产物，有助于缓解疲劳。

下篇

6 大日常健身运动
——体能训练与饮食

第一章
篮球体能训练与饮食

运动项目概述

　　篮球是世界上发展最为迅速的体育运动项目之一，它能够让每个人都参与其中。篮球运动员要想不断取得成功，就需要具备各种不同的身体素质。篮球运动员必须能够在运动中持续跑、跳、加速、减速和改变方向，因此，具有力量、爆发力、弹跳力等身体素质能使球员具有最佳的运动能力。运动表现好，也可以更好地预防和管控伤病。

力量

　　力量是篮球运动员的基本能力之一。力量素质对身体的软组织（肌肉、韧带和肌腱）及身体的骨性结构（骨头）都很重要。因为肌肉或肌群输出的力越大，对地面施加的力也就越大，这将提高运动员加速、快跑和跳高的能力。更强壮的软组织和更坚固的骨头也有助于提高加速和改变方向的能力，并可在练习和比赛中防止受

伤。在打球的时候，只有身体各个部位密切配合才可将体能充分发挥出来，对于上下肢（包括手指、手腕）及腰以下的部位（包括踝、膝）等都要进行专门的强化训练，使每一块肌肉的力量都可以充分发挥出来，久而久之，运动员的整体力量就会有很大的提高。

爆发力

篮球赛是一种需要跳跃、加速、减速的快节奏的比赛，需要很快的移动速度，如果运动员移动缓慢，在比赛时就不会获得成功。爆发力是在以更高速度进行这些类型的运动时，能够非常快地释放可用的力量（肌力），更多地依赖肌肉的发力速度。

弹跳力

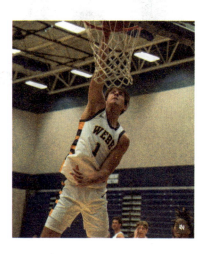

篮球运动员要具备足够好的弹跳力才有可能将篮球的技术充分发挥出来。运动员的弹跳力同时也是身体素质的综合体现，包括全身力量、跑动速度、反应速度、身体协调性、柔韧性、灵活性等。提高弹跳力，需要将全身各个部位的肌腱和韧带全部拉开，要扩大每一个关节的活动范围，可以通过做有利于提高身体协调性的运动来锻炼弹跳力。

日常训练中，体能训练不仅可以提高篮球运动员的必备身体素质，而且可以帮助其提高篮球技能，不断反复地进行篮球技能练习，反过来也会帮助练习者增强体能。

日常体能训练

杠铃－深蹲

　　无论是健身还是力量训练，深蹲都是一个经典动作。这项练习可加强腿部、髋部及腹部肌肉的力量，有助于球员更有效地向地面施加力量，提升加速跑动和跳跃的能力。尤其是投篮、传接球、卡位等动作，都需要屈曲双膝，放低重心，依靠强大的下肢力量提升身体的稳定性。

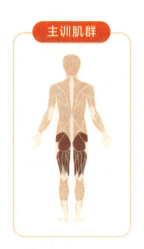

主训肌群

Step1. 双脚大于肩宽站立，将杠铃置于颈后双肩上，脚尖微向外旋转。双手握住杠铃，握距大于脚距。

视频演示

Step2. 屈曲髋关节和双膝，缓慢下蹲，直到大腿与地面平行。下蹲期间，保持背部平直，脚尖不要超过膝盖。然后伸髋伸膝，保持躯干平直，恢复起始姿势。运动全程，目视前方。每组 8 ~ 12 次。

杠铃－硬拉

　　硬拉涉及多个关节，训练时，注意选择与个人能力匹配的重量。这项练习可增强腰部、背部、髋部以及下肢的力量，有助于球员提升加速、跳跃的能力，为球员带球上篮的技术打好基础。此外，硬拉还能增强变向能力，使球员在抢位、接球及篮下运动时保持身体的稳定性。

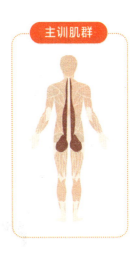

主训肌群

Step1. 双脚微大于髋宽（小于肩宽）站立于杠铃前。双手在双腿两侧握住杠铃，双臂伸直且垂直于地面。

视频演示

Step2. 屈曲髋关节和双膝，缓慢下蹲，保持背部平直，直到杠铃下降到小腿前方。然后伸髋伸膝，双手将杠铃上提，杠铃保持在离身体很近的位置，直到身体伸直。每组8～12次。

哑铃－箭步蹲

　　哑铃辅助的箭步蹲训练能够有效强化大腿与髋部肌肉，这种强化作用对于提升身体在水平与垂直方向上的推进力具有显著效果，同时也能增强球员用减速和变向躲避防守的能力。初学者可以从无器械训练开始，再逐渐增加强度。

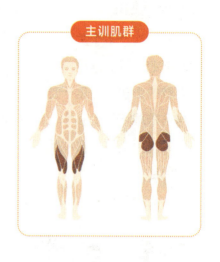

主训肌群

Step1. 自然站立，抬头挺胸，双手各持一个哑铃，垂落于身体两侧，目视前方。

视频演示

Step2. 吸气，一侧腿向前迈出一大步，慢慢下蹲，保持重心在两脚之间；前侧腿膝盖不要超过脚尖，大腿和地面平行；后侧腿膝盖不要碰地。然后呼气，站起，恢复起始动作。换另一侧做相同动作。

提踵

篮球运动中，投篮和抢篮板球技术都需要球员具备优秀的跳跃能力，尤其是篮下投篮未中，球员再次跳起抢篮板球时。本训练能增强腓肠肌、比目鱼肌和跟腱的力量，有助于球员跳得更高。

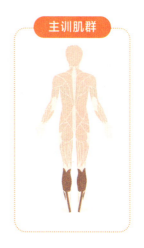

主训肌群

Step1. 单脚前脚掌站立于踏板上，可双手抓住周围的固定物以保持平衡。

Step2. 缓慢朝地面降低脚跟。

Step3. 然后快速向上提脚跟，小腿肌肉紧绷。每组 10 ~ 15 次。可先从双脚提踵开始训练，待小腿肌肉更有力量时，过渡到单脚提踵。也可手持哑铃等器械增加训练力度。

视频演示

猎犬式

猎犬式是一项出色的核心与脊柱稳定性训练,对于增强躯干肌肉力量尤为有效。无论是篮下的卡位攻防,还是争抢篮板球,球员间常会产生身体对抗,这就要求球员有优秀的保持身体稳定的能力。在抬起手臂和腿部时,肩背与髋部保持平衡,维持脊柱的中立稳定,注意不要因为一侧肢体上抬,而使身体侧倾,要确保动作的稳定性。

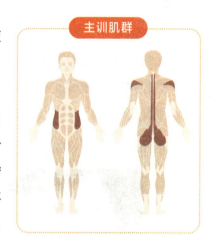

主训肌群

Step1. 跪姿,俯身双手撑地,两臂伸直与肩同宽,两脚分开与肩同宽,头部与身体平直,目视垫面。

视频演示

Step2. 核心收紧,一侧手臂抬起向头部方向前伸,对侧腿抬起向后方伸直,手臂和腿均要与身体成一条直线。两侧交替进行,每侧 10 次。

侧桥

侧桥是有效增强髋部力量和躯干稳定性的锻炼方式之一。在进行跳跃投篮或争夺篮板球时，强健的核心肌群对于稳定上半身、为接下来的动作奠定坚实基础至关重要，使球员能够更好地应对激烈的身体对抗。该练习有助于球员提升在面对有体形优势的对手时的稳定性和平衡控制能力。

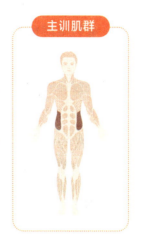

主训肌群

侧卧，背部平直，腹部收紧，双腿伸直；一侧手臂曲肘支撑身体，大臂与地面垂直，另一侧手臂曲肘叉腰；头部与身体成一条直线。保持一定的时间。换另一侧做相同动作。

视频演示

壶铃甩摆

壶铃甩摆是一项针对爆发力的入门级举重力量训练，其中的三重伸展，使脚踝、膝盖到髋部的肌肉得到最大伸展，从而爆发最大的力量。这些能力让球员具备更优秀的跑跳能力，使其能更快地冲向篮下，争抢篮板球时跳得更高。

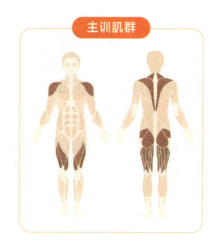

主训肌群

Step1. 双脚大于肩宽站立，脚尖微向外旋转，双手抓握壶铃，两臂自然垂落于身前，使壶铃在双腿中间的位置。

Step2. 屈曲髋关节和双膝，下蹲，髋部后送的同时双手发力，将壶铃从双腿间甩向身后。保持背部平直，目视前方。

视频演示

Step3. 在壶铃到达最远点时，立即起身，髋部前移，同时双手将壶铃向前摆动至与胸部齐平。背部和两臂始终处于伸直状态。随后缓慢下蹲，让壶铃沿其运动弧线后甩。每组 10～15 次。

单腿栏架跳

在篮球比赛中，单腿起跳的爆发力是不可或缺的，如带球上篮、争抢篮板球等都需要用到单腿起跳动作。该训练可增强球员单腿从地面迅速跃起的能力。没有栏架设备时，球员可以练习单腿向前跳，并尽可能跳得高。

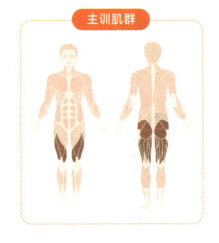

主训肌群

Step1. 以直线间隔摆放 3 ~ 5 个高度为 15 ~ 30 厘米的栏架，双脚站立于第一个栏架前。

Step2. 一侧腿屈髋屈膝，缓慢地下蹲，同时另一侧腿后抬，两臂后摆。

Step3. 单腿发力纵跳，快速伸展身体，两臂上举，跳过第一个栏架。

Step4. 一侧腿单脚稳稳落地，屈髋屈膝，两臂后摆。然后继续以相同的动作跳完所有栏架。换另一侧做相同动作。

视频演示

深跳 + 跳投

这项训练主要模拟篮球运动中的跳投动作。练习时，可以想象身前有对手，从对手头顶将球投出。

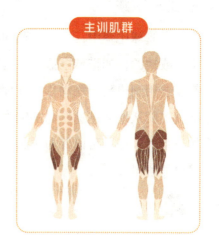

主训肌群

Step1. 站在跳箱边缘（跳箱高 30 ~ 75 厘米），一只脚前跨悬空，保持身体稳定。

Step2. 跳落地面，屈髋屈膝，双脚同时落地，双手后摆，以保持身体稳定。

视频演示

Step3. 然后立即快速跳起来，伸展全身，两臂伸展至头顶。

跨步 – 旋转扔球

　　跨步 – 旋转扔球可锻炼球员上半身的力量，提升灵敏性，提高球员躲避、防守和胸前传球的能力。训练时，球员始终目视前方，而不是视线随球转移，养成观察全场的习惯，在合适的机会，躲避防守，将球成功传给队友。

主训肌群

Step1. 双手持一药球于胸腹前方，前后脚站立姿势，头部与躯干平直。

Step2. 放低身体，屈髋屈膝，躯干侧旋的同时下移药球，至一侧髋部外侧，目视前方。

视频演示

Step3. 然后快速伸直双腿，身体回至正前方，此时伸直双臂，大力将药球扔出。换另一侧做相同动作。

营养需求

　　篮球是一项高强度、间歇性的集体运动。参与篮球训练会消耗巨大的能量，选择适当的碳水化合物并把握其摄入时机是维持运动表现的关键。作为能量的主要供给者，碳水化合物能够迅速补充体内的葡萄糖，保持血糖稳定，延缓疲劳。

　　此外，运动员在进行长时间高强度的训练时，容易造成维生素缺乏。维生素 C 具有抵抗自由基侵害和提高机体免疫力的作用，维生素 B_2 对于预防肌无力、疲劳及维持神经系统的正常功能也非常重要。当维生素 B_2 摄入不足时，可能会导致肌肉力量下降和神经系统功能异常。因此，篮球运动员需要考虑定期补充复合维生素，以确保他们获得所有必需的营养素。同时，篮球运动员对钙、镁、钾、钠、铁等矿物质代谢旺盛，流失量大，应注意补充电解质，多吃水果、青菜等含钾、钠较多的食物。

　　在篮球训练后，为了满足肌肉修复与增长的需求，摄入优质蛋白尤为重要。瘦肉、蛋、鱼和豆类所含蛋白质结构完整，能够满足人体对必需氨基酸的需求。篮球运动员可优先考虑以此类食物作为优质蛋白的来源。

重点营养素	碳水化合物、蛋白质、维生素 C、维生素 B_2、电解质
食物来源	鸡蛋、牛肉、虾、全麦面包、香蕉、橙子

美味饮食巧搭配

滑蛋虾仁

材料：虾仁300克，鸡蛋4个。

调料：葱花、淀粉、料酒各适量，油、盐各少许。

做法：1.虾仁洗净，从背部切开，去皮，去虾线。

2.在虾仁中加入盐、料酒、蛋清混合均匀，再加入淀粉搅拌后腌渍片刻。

3.锅中加水烧开，将虾仁下入锅中，变色后捞出。

4.将鸡蛋打散，加入适量盐、葱花搅拌均匀，再加入水淀粉。

5.锅里放油烧热后，将虾仁和蛋液混合后倒入锅中，蛋液周围开始凝固后将蛋和虾仁炒散，等蛋液全部凝固、虾仁熟后，盛出即可。

芹菜炒牛肉

材料： 嫩牛肉200克，芹菜150克。

调料： 姜、蒜、淀粉、料酒、生抽、盐、油各适量。

做法： 1.牛肉切丝，用料酒、生抽、盐、淀粉腌渍15分钟。

2.芹菜洗净切段，姜、蒜切片。

3.锅中倒入适量的油，烧热，将姜片、蒜片倒入锅中爆香，加入牛肉丝快速翻炒至变色。

4.将芹菜放入锅中，翻炒至芹菜变软。

5.根据口味加入盐和生抽，炒熟即可。

全麦三明治

材料： 全麦面包2片，鸡蛋1个，生菜2片，培根1片，西红柿2片，黄瓜4片。

调料： 油适量。

做法： 1.生菜洗净。

2.锅中倒入适量的油烧热，开小火，将培根和鸡蛋煎熟。

3.在一片全麦面包上依次放上生菜、鸡蛋、培根、西红柿、黄瓜片，再放上另一片全麦面包。

鲜橙蒸蛋

材料： 橙子2个，鸡蛋2个，柠檬1片。

调料： 白糖5克。

做法： 1.将橙子洗净，顶部切开，挖出橙肉，将挖出的橙肉榨汁，过滤。

2.鸡蛋打散，加入橙汁、白糖，搅拌均匀。

3.将混合好的蛋液过滤后倒入容器中。

4.蒸锅中加水烧开后，将容器放入，隔水蒸10～15分钟，关火闷5分钟。

5.放入橙肉，装饰上柠檬片即可。

香蕉煎饼

材料： 普通面粉300克，牛奶150克，鸡蛋1个，香蕉2根。

调料： 白糖、油各适量。

做法： 1.香蕉去皮，并捣成泥。

2.在捣成泥的香蕉中加入牛奶、面粉、鸡蛋和白糖，混合均匀，制成香蕉糊。

3.锅中倒入适量的油烧热，小火，放入两勺香蕉糊，用勺子底部将其摊成圆形，将面饼两面煎至金黄即可。

第二章
游泳体能训练与饮食

运动项目概述

　　游泳是一项流传千年、老少咸宜的运动项目，从第一届奥运会（1896年）以来，就被正式纳入竞技项目。和其他的陆地运动不一样，游泳是以水为平台的运动。游泳时没有重力的作用，运动员多以水平的姿势进行运动；而且，由于水是流动状态，水中不但没有可供稳定借力的固体，水还会成为运动员前进的阻力。此外，游泳运动中，身体的感知系统也有区别，触觉先于视觉和听觉。

　　游泳是一项全身性的运动，它需要以上下肢搭建的肌肉系统为基础，通过核心肌群传导力量，形成完整的运动链，同时协调全身的肌肉和关节，使动作更稳定、更高效。因此，游泳体能训练可以结合游泳专项的特点，通过陆地上的训练，强化运动员的基础和专项体能。

力量

　　显而易见，无论哪种泳姿，摆动四肢、用力抱水是游泳的基础，这离不开强劲的上下肢力量，例如，作为基础动作，抱水和划水都离不开双臂的力量和耐力，而打腿可以推动身体前进。

多项研究表示，在游泳过程中，对运动员前进产生的有效推力七成来自上肢力量，三成来自下肢力量，而核心力量，则能有效保持身体的稳定性和发力的积极性。游泳运动员核心力量的提升，能显著提高他们在水中保持泳姿的能力、有效减少水阻、优化踢腿动作的效能。

速度和爆发力

作为竞技项目，速度决定游泳运动员的输赢。训练时，可选择局部与整体相结合的动作，达到全身训练的效果，只有身体的运动链协调配合，才能发挥加速的效果。此外，游泳时的出发、转身和冲刺等加速动作，都离不开身体的爆发力，特别是在短距离游泳项目中，爆发力的贡献率超过 58%。

柔韧性和灵活性

游泳中，每个泳姿都要求手臂达到最大伸展，尤其在前进时，双臂的上抬下压、打腿或蹬腿都离不开上肢、肩部、下肢等部位肌肉和关节的配合。这些对身体的柔韧性和关节的灵活性都有一定的要求。

游泳运动的动作具有重复性的特点，长此以往，容易导致肌肉力量不均衡，如胸大肌和背阔肌更强壮，而斜方肌和菱形肌相对较弱。力量的不均衡容易影响姿势和技术的发挥，甚至造成身体伤害，因此，能提高柔韧性的弹力带、瑞士球训练和提高灵活性的关节屈伸、绕环训练都可运用到平时的训练中来。

日常体能训练

哑铃－单臂后曲伸

哑铃－单臂后曲伸主要锻炼肱三头肌。肘部90度曲伸动作的练习，对提升游泳技巧非常重要，尤其是在自由泳、蝶泳及仰泳拉动的最后部分，即推进力量的最终爆发阶段。要想达到良好的训练效果，就要在手臂向后伸直时保持1~2秒，感受肱三头肌的紧绷状态，随后曲肘时再次停顿1~2秒。避免出现如钟摆般晃动小臂。

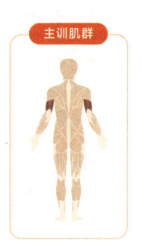

主训肌群

Step1. 一侧腿屈膝跪在训练椅上，同侧手支撑椅面。另一侧手握哑铃，同侧脚踩地面。手提起哑铃，曲肘90度，大臂平行于地面，小臂与地面垂直。

Step2. 以肘关节为轴，伸直手臂，与身体平行。

视频演示

Step3. 然后放低哑铃，至曲肘90度，重复单臂后曲伸运动至规定次数。换另一侧做相同动作。

哑铃 – 弯举

　　哑铃 – 弯举有助于增强肱二头肌的力量。练习时，注意肘部的曲伸，保持大臂的稳定性，仅小臂缓慢、稳定、有节奏地运动，感受曲肘时肌肉的力量。在蛙泳拉动阶段，该训练有助于抓水部分的启动。

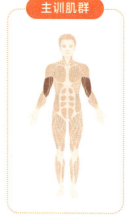

主训肌群

Step1. 坐在训练椅上，双脚踩地大于肩宽，一侧手握住哑铃，微曲肘垂悬于双腿间，大臂紧贴同侧大腿内侧，另一侧手搭在同侧大腿上，保持身体稳定。

视频演示

Step2. 一侧手将哑铃举起，至肩膀高度，稍有停顿，然后有控制地放低哑铃，至手臂伸展。每组 4 ~ 6 次，换另一侧重复。

哑铃前平举

　　哑铃前平举主要锻炼三角肌前束，三角肌前束主要激活于蝶泳恢复阶段的后半段和仰泳的整个恢复阶段，还能引导蛙泳运动员做出上肢从胸部下方到完全伸直的动作，确保动作的完整、高效。泳速的增加要求身体有更强的快速恢复能力，因此要注重锻炼三角肌前束，使其更强健。训练时，注意不要耸肩、向后向下夹紧肩带。

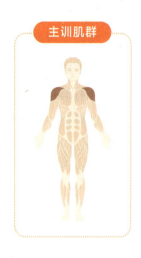

主训肌群

Step1. 自然站立，抬头挺胸，双手各持一个哑铃（小于4.5千克），垂落于大腿前，掌心向大腿。

Step2. 两臂伸直向前上抬至与肩等高，掌心向下。手握哑铃停顿 2 秒。

视频演示

Step3. 有控制地放低哑铃，手臂回到起始位置。每组 4 ～ 6 次。

哑铃侧平举

哑铃侧平举主要锻炼三角肌中束。这部分肌肉对自由泳和蝶泳的恢复阶段很重要。恢复阶段，蝶泳不像自由泳有翻身动作和手臂辅助，因此，手臂回位时只能依赖三角肌群，特别是三角肌中束。作为游泳运动上肢训练动作，哑铃侧平举有助于提升肩胛骨的稳定性。

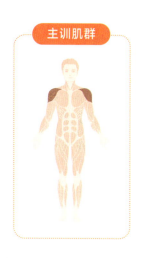

主训肌群

Step1. 自然站立，抬头挺胸，双手各持一个哑铃，垂落于体侧，掌心向大腿，肘关节微曲。

Step2. 双臂向两侧上抬至与肩等高，掌心向下。然后有控制地放低哑铃，手臂回到起始位置。每组8～12次。

视频演示

哑铃－坐姿锤式推举

　　哑铃－坐姿锤式推举是针对游泳项目而调整的一个力量上举动作。游泳时水中产生的压力会对肩关节构成一定的挑战，而练习哑铃－坐姿锤式推举可以避免掌心朝前式上举给运动员肩部带来额外的负担。通常，运动员于入水瞬间伸直双臂，延展身体形态，以获取最大的入水距离。此训练可以提升手臂过头时的力量输出，加快伸展动作的速度，培养运动员入水时的自信心。

主训肌群

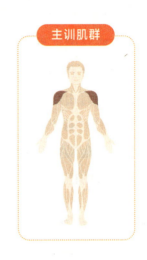

Step1. 坐在训练椅上，双脚踩实地面，双手各持一个哑铃于肩膀前，掌心相对，目视前方。

视频演示

Step2. 向上伸直双臂举起哑铃，然后回落，恢复起始姿势。每组8～12次。

俯卧撑

俯卧撑可增强肱三头肌与胸大肌的力量，这两块肌肉是四种基本泳姿在推水阶段会使用的重要肌肉。此外，进行俯卧撑时，肩关节被置于一个封闭的动力链环境中，有助于强化肩袖肌群及肩胛骨稳定肌群，从而提升肩关节的整体稳定性。

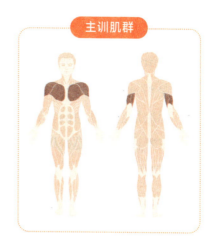

主训肌群

Step1. 俯卧姿，双手略宽于肩，两臂伸直，与双脚尖一起将身体撑起，双脚与髋同宽，身体成一条直线。

视频演示

Step2. 曲肘放低身体，至胸部靠近垫面，身体依然保持一条直线，两臂伸直，再次向上推起上半身。

引体向上

引体向上是一个综合性的肩膀训练动作，其中背阔肌是主要发力肌肉之一。背阔肌是游泳运动中产生推动力的主要肌肉，无论是自由泳中的直臂交替拉、蝶泳中的双臂直拉，还是蛙泳中的曲肘拉，都离不开背阔肌的参与。此外，该训练在拉动身体的时候，还能强化握力，提升游泳的推进速度。

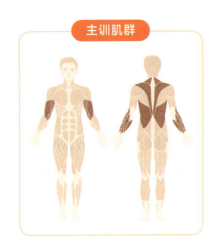

主训肌群

Step1. 双手握住水平杆，握距大于肩宽，掌心向外。

Step2. 核心收紧，吸气，发力上拉身体，至下巴超过水平杆。呼气，身体回落。重复上述动作，视身体情况决定完成次数。

视频演示

侧桥 - 抬腿

　　侧桥 - 抬腿是侧桥的变式，是一个进阶训练，可先从基础的侧桥开始训练。本练习重点在于头部到踝关节保持一条直线，臀部不要下沉，头部不要侧抬过高，注意控制好腹肌。该训练适合所有泳姿，如出发时的流线型姿势、转身离墙时臀部和下腰部的姿势，有助于泳姿的稳定。

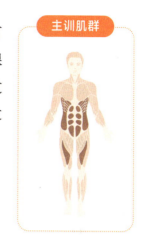

主训肌群

Step1. 侧桥姿，抬起一侧手臂，伸直，与支撑臂成直线。

Step2. 核心收紧，抬起同侧腿，然后放下，完成 10 ~ 15 次。换另一侧做相同动作。

视频演示

波比跳

波比跳是一个全身性训练，将它加入高强度间歇训练时，不仅能够在短时间内显著提高运动员的心肺功能和肌肉耐力，而且还能有效刺激运动员上肢的神经肌肉系统。该动作中，从俯卧撑恢复成下蹲动作时，速度要快，有助于运动员在蝶泳和蛙泳的第一个转身中速度的提升。

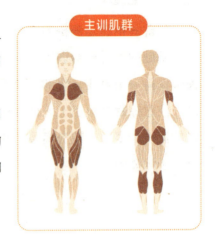

主训肌群

Step1. 自然站立，抬头挺胸，两臂垂落于身体两侧，目视前方。

Step2. 屈髋屈膝下蹲，俯身，双手贴地面，保持背部平直。

Step3. 双脚向后跳，至双腿伸直，脚尖撑地，呈俯卧撑姿势，核心收紧，身体成一条直线。

Step4. 双臂伸直撑起身体，然后曲肘降低身体，做一个俯卧撑。

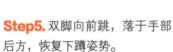

Step5. 双脚向前跳，落于手部后方，恢复下蹲姿势。

Step6. 双脚蹬地发力，伸展全身，迅速跳起，双手伸直举过头顶。

视频演示

营养需求

游泳体能训练对能量补充的需求非常高。这除了与训练强度大有关，还与水的温度低于人体温度，且水中的阻力远大于空气中的阻力等原因有关。水果、蔬菜、谷物、豆类、坚果等富含碳水化合物的食物，能够帮助运动者补充能量。

脂肪是长时间游泳训练时身体的主要能量来源。脂肪分为动物性脂肪和植物性脂肪，其中植物性脂肪含有较多的不饱和脂肪酸，在能量代谢过程中更易被身体利用，这对游泳运动员来说尤为重要。为了保持健康，游泳运动员应避免摄入过多的饱和脂肪酸和反式脂肪酸，如红肉、全脂乳制品、蛋黄、油炸食品等。

在游泳运动中，当运动者的肌糖原耗尽时，体内的蛋白质分解代谢会加快。适量的蛋白质补充不仅有助于促进肌肉中蛋白质的合成，增强肌肉力量，还能预防运动引起的贫血。为了补充蛋白质的损失，运动者需要通过饮食摄入更多的蛋白质。

此外，游泳运动者还需要补充足够的维生素 C 和维生素 E。维生素 C 具有较强的还原性，参与体内的氧化还原反应，能够使肌糖原和肝糖原增加，缓解疲劳。维生素 E 能加强氧化利用，减少乳酸堆积，减轻运动后肌肉的酸痛感，增加低氧状态下的耐力。

重点营养素	碳水化合物、脂肪、蛋白质、维生素 C、维生素 E
食物来源	红薯、豆腐、青椒、木耳、河虾、松子

美味饮食巧搭配

红薯饼

材料： 红薯250克，糯米粉100克。

调料： 白糖、油各少许。

做法： 1.红薯洗净，去皮，切成薄片。

2.将切好的红薯放入碗中，入蒸锅，大火蒸20分钟。

3.将蒸好的红薯趁热压成泥，加入白糖，搅拌。

4.放入糯米粉，搅拌均匀后揉成面团。

5.将面团分成若干等份，每份搓成条，再分成小面团，压扁制成饼状。

6.锅中加入少许油烧热，将红薯饼放入，煎至两面金黄即可。

鸡丝豆腐

材料： 豆腐150克，熟鸡胸肉250克。

调料： 芝麻、红椒、葱末、香菜各5克，熟花生米5克，盐3克。

做法： 1.豆腐洗净，入水中焯熟，切片；熟鸡胸肉洗净，撕成丝；香菜洗净，切段；红椒洗净，切丁；熟花生米切碎。

2.豆腐片码在盘中，上面放上鸡丝。

3.芝麻、红椒丁、香菜段、盐加适量凉开水调成味汁，淋在鸡丝、豆腐上，撒葱末、花生碎即可。

青椒炒鸡蛋

材料： 青椒100克，鸡蛋1个。

调料： 蒜片、盐、味精、植物油各适量。

做法： 1. 青椒洗净，切丝；鸡蛋打散，搅匀。

2. 将青椒丝放入锅中炒至变软后盛在盘中备用。

3. 热锅放油，放入蛋液，蛋两面煎好后用锅铲切成块，盛入碗中备用。

4. 热锅放油，放入蒜片爆香，放入青椒丝翻炒，再放入煎好的蛋块、盐、味精，炒匀出锅即可。

木耳炒小河虾

材料： 干木耳50克，小河虾100克。

调料： 香葱、盐、料酒、香油、植物油各适量。

做法： 1. 小河虾用清水洗净，除去泥沙杂质，然后用沸水焯熟，捞出控水。

2. 干木耳用清水泡发，去蒂洗净，撕成小朵；香葱洗净，切段。

3. 锅中加适量植物油，烧至五成热时放入香葱段爆香，然后放入小河虾、木耳翻炒，再加入盐、料酒翻炒入味，出锅前淋上香油即可。

松仁玉米

材料： 玉米粒250克，松子仁100克，青、红辣椒各2个。

调料： 油5毫升，味精3克，葱花、盐各5克。

做法： 1.玉米粒洗净后煮至八成熟，沥水备用。

2.青、红辣椒洗净切丁，松子仁炒香。

3.锅中倒油烧热，放入葱花爆香，放入玉米粒、（青、红）辣椒丁、松子仁略炒，调入盐，加适量水煮至玉米熟透，加入味精，翻炒均匀即可。

第三章
足球体能训练与饮食

运动项目概述

    毋庸置疑，足球是全世界最受欢迎的体育运动，毫不夸张地说，全球有数亿人为之着迷并热衷参与其中。足球比赛分为上、下两个半场，各计时 45 分钟，若踢满 90 分钟而未决胜负，将会有 30 分钟的加时赛。日本学者星川佳广认为："足球是跳跃、踢球、抢截球跑等高强度动作与走路、跑步等低强度动作交替循环的 90 分钟运动项目。"可见，足球是一项持续时间长、运动强度大的体育运动。

力量

    足球是一项对抗性运动。在足球竞技场上，球员频繁地进行迅猛的启动、冲刺跑、跳跃，以及重复大力踢球、传球和射门动作。此外，球员还需熟练掌握各种急停、变向、带球突破技术动作，并在比赛中

不可避免地发生身体对抗。在进行这些动作的过程中，球员需要克服由自身重量、球体及对手碰撞所带来的种种阻力。唯有强大的力量支撑，才能让球员抵抗各种阻力，运用技术将球传递到理想的位置。足球的力量训练通常是密集且高强度的，更大的力量可以提高球员的速度、弹跳力和爆发力。

速度

速度是足球竞技中获胜的关键因素，是很多顶级球队在培养球员时关注的重要体能素质。在对抗中控制好球，快速带球并将球有效射进对方球门，或是追上对手的步伐、阻止球靠近本队球门至关重要，考验球员长时间快速奔跑和短时间冲刺的能力，这些都依赖球员出色的速度能力。可见，足球运动的快速，体现在个人的动作速度、极限速度、反应速度等多方面，同时也贯穿整体攻防节奏、位置转换速度等方面。随着战术的变革和战术水平的不断提高，球员拥有快速冲刺跑及连续、反复冲刺跑的能力越来越重要，一次高强度的冲刺就有可能决定球队的输赢。

耐力

足球运动是一种有氧供能和无氧供能的混合性运动项目。标准足球场长度为105米，研究表明，在一场比赛中，成年专业球员的平均跑动距离为8000 ~ 13000

米。随着比赛节奏的变化，足球运动员会进行慢速有氧行走或慢跑、中速到高速的跑动、无氧高速跑及冲刺跑。在长达 90 分钟的混合性运动中，球员不仅要保持充足的体力，还要保证技术的有效发挥，因此，在训练中提高运动员的耐力水平，提升机体抗疲劳的能力，有助于球员在比赛中最大限度地发挥竞技水平。

灵敏性

据统计，在一场 90 分钟的比赛中，一名足球运动员会执行 1000 ~ 1200 个不同的动作，且这些动作的变换频率极高，间隔 4 ~ 6 秒。在这些动作中，冲刺、跳跃、抢断及射门等高强度、短距离的专项技术动作占据了重要地位，它们往往成为决定比赛走向与胜负归属的关键因素，对优秀的足球运动员而言，他们在整场比赛中累计完成此类动作的次数可达到 150 ~ 250 次。因此，在全场比

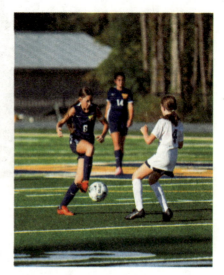

赛中保持灵敏性为足球运动员在场上完成上千个动作，尤其是高难度技术动作，提供了重要支撑，它不仅能够帮助运动员更快地适应足球场上瞬息万变的局势，还能够提升他们在高强度对抗中的表现。

日常体能训练

平板支撑交替抬腿

平板支撑交替抬腿是平板支撑的一个动态训练。训练者可以从平板支撑开始，掌握了基本支撑后，再进行动态的训练。该动作是国际足联卓越医疗中心（F-MARC）的损伤预防项目"The11"中推荐的动作之一，可用于热身环节，有助于稳固核心肌群，提升臀肌和腘绳肌的力量。通过训练，运动者的平衡能力得到提高，能更有效地控制双臂和双腿。

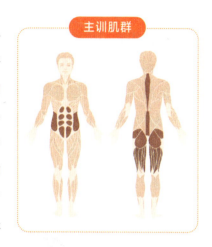

主训肌群

Step1. 俯身，双臂曲肘，前臂紧贴垫面撑地，肘部与肩同宽；背部平直，腹部收紧；双脚并拢，用脚尖支撑垫面。

视频演示

Step2. 抬起一侧腿，保持2秒钟，放下，换另一侧腿抬起。两侧交替，左右腿各10～15次。

瑞士球－俯卧撑

瑞士球－俯卧撑是俯卧撑的一个变式训练，在普通的俯卧撑训练中，胸大肌上端的肌肉得到锻炼的机会少。该训练通过抬高腿部，改变胸大肌的受力方式，让被忽略的胸大肌上端也得到锻炼。瑞士球可放在躯干或双脚下方，球距离双手越远，难度越大。

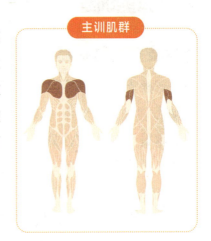

主训肌群

Step1. 俯卧姿，大腿搭在瑞士球上，与两臂一起支撑身体，两臂伸直略宽于肩，身体成一条直线。

视频演示

Step2. 曲肘放低上半身，至胸部靠近地面，身体依然保持一条直线。然后两臂伸直，向上推起上半身。以俯卧撑做法进行训练。

举球上台阶

　　举球上台阶对足球运动员特别是守门员非常有用。面对空中球时，他们都需要跑动、伸展身体、跳跃迎球，守门员还需要伸臂接球，并稳稳落地。该训练结合了足球迎球、接球的特点，重点设计了从跳前到落地的动作，有助于提升球员的技术和身体稳定性。

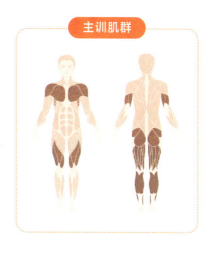

主训肌群

Step1. 双手握一药球（或足球），站在踏板前，一侧脚前抬踩上踏板。

Step2. 伸直一侧腿的同时，另一侧腿屈膝抬高至大腿与地面平行，保持身体平衡，此时双手持球，两臂伸直将球举过头顶，伸展全身。恢复起始姿势，换另一侧重复。完成规定次数。

视频演示

103

反向腿部伸展

掌握头球技巧颇具挑战性，尤其对年轻球员来说。当球员用力跳起，来自地面的推力可转化为头球的冲力，接下来身体悬空时，便需要有效协调身体的伸展与屈曲，以实现对足球的精准施力。提升身体在伸展至屈曲过程中的灵活性及脊柱肌群的支撑能力，有助于提高头球技术。头球时，强有力的竖脊肌可为脊柱和身体提供稳定和支持。

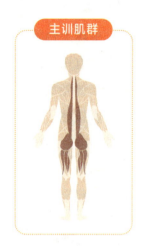

主训肌群

Step1. 俯卧姿，趴在瑞士球上，小腹紧贴瑞士球，双脚离地，向后伸展，两臂大于肩宽，双手撑地，保持身体稳定。

Step2. 臀部发力，尽可能地抬高双腿，并尽量伸直。

视频演示

颈部阻力训练

头球是足球运动中一个很重要的技术，空中停球，用头部将球精准地射入球门，都与颈部力量有很大的关系。人的颈部非常灵活但也比较脆弱，运动员通过锻炼颈部肌肉，提升颈部的稳定性与灵活性，可避免外力对头部的撞击，发生颈部扭伤或脑震荡。在这个训练中，搭档提供适当的阻力，允许颈部在各个运动方向进行伸展锻炼，需注意的是，运动的力量来自颈部而非身体。

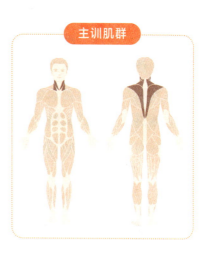

主训肌群

Step1. 运动员站在体形相当的搭档前，搭档伸直手臂，将手掌放在运动员的前额。

Step2. 向前屈曲颈部，颈部发力，与搭档的手抗衡，顶住搭档施加的阻力。

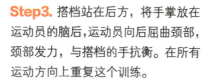

Step3. 搭档站在后方，将手掌放在运动员的脑后，运动员向后屈曲颈部，颈部发力，与搭档的手抗衡。在所有运动方向上重复这个训练。

视频演示

俯卧哑铃飞鸟

　　通常，角球会被认为是赢球得分的好机会，因此，在球发出前，双方球员会竭力做好准备，争夺位置和球权，此时难免会发生身体碰撞。为避免犯规，球员在争抢拦截时，需要有强大的背部和肩膀力量与对手抗衡，同时也能减轻因碰撞或摔倒带来的伤害。

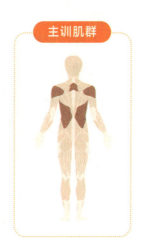

主训肌群

Step1. 俯卧在哑铃凳上，双脚踏地，头部在长凳末端抬起，双手各持一个哑铃在体侧，肘部微曲。

Step2. 吸气，向两侧抬起两臂，举起哑铃，至手臂与地面平行。呼气，有控制地慢慢放下哑铃。完成规定次数。

视频演示

跳箱

跳箱是理想的增强式训练，也是适合足球运动员的全身式训练，它主要提升腿部爆发力。同时，它也能锻炼全身多个关节和肌肉，提升身体的协调能力。比赛时，当球员失球后，他们会立即采取行动试图重新控球，这十分考验球员的平衡力、灵活性及速度等素质。训练时，注意着陆技巧，着陆时保持背部挺直和身体平稳，以便吸收着陆时所产生的冲击力。

主训肌群

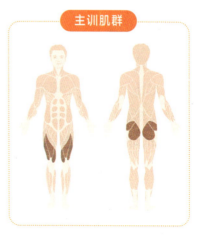

Step1. 选择高度匹配的箱子，站在箱子前，双脚分开，与肩同宽。屈髋屈膝，两臂在身后伸直。

Step2. 双脚蹬地发力，向上跳起，双手迅速向前上方摆动的同时伸展全身，身体自然腾空。

Step3. 稳稳落在箱子上，屈髋屈膝，两臂后摆。恢复起始姿势，每组 3 ~ 5 次。

视频演示

营养需求

足球训练中，运动员需要大量的能量来维持长时间的奔跑和爆发力。因此，摄入足够的碳水化合物以维持能量供应对足球运动员来说至关重要。

此外，在进行足球训练时，运动员的身体经常处于高度紧张的状态，及时补充蛋白质，有助于训练后补充消耗的营养素、维持良好体能。乳清蛋白营养价值高、吸收速度快，存在于牛奶中，不仅能阻止肌细胞的分解，还能促进肌肉的修复和增长，是补充蛋白质的优质选择。

由于运动员在训练过程中的新陈代谢较为活跃，所以对维生素的需求量较大，特别是水溶性维生素。B 族维生素在碳水化合物、脂肪和蛋白质的代谢过程中发挥着重要作用，并且能够将营养物质转化为能量。因此，为支持运动员的高强度训练，应确保饮食中包含足够的 B 族维生素。水溶性维生素不会在体内长时间储存，多余的部分会通过尿液排出体外，因此需要定期补充。长期进行高强度运动的人，需要有计划地摄入维生素，确保身体得到充足的营养供给，进而提升锻炼成效、加速恢复过程。

重点营养素	碳水化合物、蛋白质、B 族维生素
食物来源	意大利面、燕麦、豌豆、鳕鱼、玉米、菠菜

美味饮食巧搭配

意大利肉酱面

材料： 意大利面200克，西红柿1个，牛肉末300克，洋葱50克。

调料： 盐、黑胡椒粉、橄榄油、番茄酱、油各适量。

做法： 1.洋葱洗净、切丁；西红柿洗净，剥去表皮，切成丁。

2.锅中加入适量的水，煮开后加入橄榄油，放入意大利面，煮熟后，用冷水冲凉。

3.将牛肉末放入碗中，加入少许盐和黑胡椒粉，搅拌均匀。

4.锅中加油烧热，放入牛肉末，炒至肉变色后放入洋葱丁，炒出香味。

5.转小火，放入切好的西红柿丁和适量的番茄酱，炒匀。

6.加入盐、黑胡椒粉，炒匀后转大火收汁。

7.将意大利面盛入盘中，并将做好的酱料浇上即可。

黑米燕麦粥

材料： 黑米100克，燕麦30克。

调料： 盐少许。

做法： 1.将黑米洗干净，泡1小时。

2.锅中加入适量水，将黑米倒入锅中。

3.黑米煮熟后，加入燕麦，续煮至燕麦变软，放少许盐提味即可。

豌豆鳕鱼丁

材料： 豌豆100克，鳕鱼80克。

调料： 盐适量，植物油10毫升。

做法： 1.鳕鱼去皮、去骨，切成小丁；豌豆洗净备用。

2.油锅烧热，倒入豌豆翻炒片刻，然后倒入鳕鱼丁，加适量盐一起翻炒，待鳕鱼丁熟透即可。

玉米饼

材料： 玉米面80克，糯米粉100克。

调料： 油适量。

做法： 1. 将玉米面和糯米粉放在碗中，加入水和成面团。

2. 将面团醒发15分钟，然后将其分成均匀的等份，制成饼状。

3. 锅中刷一层油，将面饼放入锅中，煎至两面金黄即可。

炝虾米菠菜

材料： 菠菜350克，虾米25克。

调料： 熟芝麻25克，盐5克，味精2克，姜末10克，花椒油12克。

做法： 1. 菠菜择洗干净，用沸水焯至八成熟，捞出，沥干水分，投凉后挤干浮水，切成2厘米长的段。

2. 虾米、花椒油、盐、味精、姜末、熟芝麻倒入烫好的菠菜内，拌匀即可。

第四章
网球体能训练与饮食

运动项目概述

　　网球是职业化和商业化程度较高的运动之一，也是世界上普及程度较高的运动之一。通常，职业网球运动员需要尽可能多地参加职业比赛，以获取更多的积分和奖金。据统计，顶级单打球员每年参加的赛事多达 70 场，持续 40 多周。网球场地有不同的类型：红土球场、硬地球场、草地球场、地毯球场，不同类型的球场对球员的身体素质也有不同的要求。在网球运动中，力量是球员必备的体能素质，除此以外，还需要有柔韧性、爆发力、耐力、速度、灵敏性等素质。

力量和爆发力

　　网球是一项对运动员爆发力要求极高的项目。运动员到达击球地点并将球击出，十分考验上肢和下肢的爆发力。强大的腿部爆发力能让运动员跑得更快，进行准确的位移，还能提高击球的爆发力。强大的力量和爆发力能让球速更快、更远、更具威胁性。对常在偏轻快的硬地球场和草地球场比赛的运动员来说，他们需要有更快的速度，更应重视爆发力的提升。

耐力

网球赛事的时长跨度为 1.5 ~ 5 小时，平均回合时间持续 4 ~ 10 秒，而回合间的休息时间大约为 10 ~ 25 秒，每局的休息时间为 90 秒。除此以外，还要面临长期在外参加多场球赛的体能挑战，若没有强大的耐力，运动员很容易疲劳，甚至受伤。因此，耐力素质训练尤为必要。特别是常在红土球场打球的运动员，他们在打法上会有更长的回拉，对肌肉耐力有更高的要求。

柔韧性

网球运动对运动员的柔韧性要求很高，拥有较好的柔韧性是有效提高其技术水平的必要基础。观看网球比赛时，我们不难发现，运动员会用极其特殊的姿势来完成击球动作：为了救球，最大化伸展自己的身体，甚至是横叉动作。可见柔韧性素质对于运动员的重要性，它不仅帮助运动员掌握关键技术，以应对赛场复杂的变化形势、快速高效地将球击出，还能预防运动员受伤。

速度和灵敏性

网球运动的速度素质体现在运动员的反应速度、位移速度、挥臂速度、场上的灵活应变能力等方面。据统计，在一个典型的回合中，运动员需要在 5 秒钟内完成超过 4 次的变向移动，这就要求球员具有优秀的速度和灵敏性素质。赛场上，运动员需做出准确判断，通过快速起动、急停、变向等动作，到达目标位置，让他们有更多的时间准备，击出更高质量的球。可见，速度和灵敏性让球员运动更高效，帮助他们延缓疲劳，提升运动表现。

日常体能训练

深蹲

　　深蹲训练有助于强化臀部肌肉和腿部肌肉，支撑运动员奔跑、转向时的蹬地与着地等腿部动作，而网球运动中的击球动作都有类似深蹲的动作，这就需要运动员具有强大的下肢力量，特别是击球时，更需要保持身体的稳定性，能将力量由下而上传至躯干和肩膀，保证技术的稳定发挥。

主训肌群

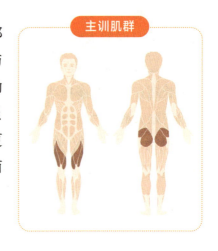

Step1. 双脚大于肩宽站立，脚尖微向外旋转。双手自然下垂于身体两侧。

视频演示

Step2. 收紧核心肌群，两臂前伸与地面平行。屈曲髋关节和双膝，缓慢下蹲，直到大腿与地面平行。下蹲期间，保持背部平直，脚尖不要超过膝盖。然后伸髋伸膝，保持躯干平直，恢复起始姿势。运动全程目视前方。每组 8 ~ 12 次，完成规定组数。

弹力带 – 肩外旋

网球比赛中，提升肩袖的力量与持久性非常关键，特别是外旋肌。在触球瞬间，这部分肌肉能有效控制手臂减速。在大多数击球动作中，外旋是一个常见的动作，如向后挥拍时，手臂需向外伸展，而强健的肩部肌群有助于释放身体潜在的力量。击打落地球后，正确控制力量以实现手臂速度的适时减缓，可预防肩部及手臂损伤。

主训肌群

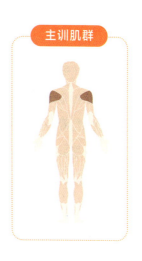

Step1. 双脚等于肩宽，自然站立，弹力带固定在与肘关节持平的位置。一侧手叉腰，另一侧手握弹力带，曲肘 90 度，小臂前伸与地面平行。

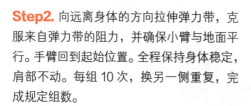

Step2. 向远离身体的方向拉伸弹力带，克服来自弹力带的阻力，并确保小臂与地面平行。手臂回到起始位置。全程保持身体稳定，肩部不动。每组 10 次，换另一侧重复，完成规定组数。

视频演示

115

屈膝仰卧起坐

　　学会控制核心肌群的收紧与放松，有助于运动员提高击球技术，降低受伤风险。发球时，腹直肌会在球拍触球瞬间主动收缩，同时它也是处理落地球及执行截击时的辅助肌肉。核心肌群在维持身体平衡与稳定上扮演着重要角色，特别是在击球动作的收尾减速阶段。

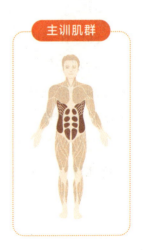

主训肌群

Step1. 平躺在垫面上，双腿上抬，屈膝屈髋90度，双手置于两耳旁。

Step2. 收紧核心肌群，由肩部开始，到上背部抬离垫面，使胸部向前，向腿部靠拢，但下背部始终紧贴垫面。不要用手拉脖子来带动身体向前。

视频演示

Step3. 慢慢使身体回到起始位置，每组10～15次，完成规定组数。

药球-俄罗斯转体

　　药球-俄罗斯转体是俄罗斯转体的进阶动作，若以不同的转身速度进行此训练，更有助于锻炼核心肌群的力量。击打落地球时，无论正反手，身体都需要旋转向后挥拍。该训练有助于提升挥拍技术的稳定性和速度。训练时每边做 20 次。

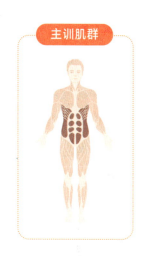

主训肌群

Step1. 坐姿，上半身后倾 45 度，双腿屈膝，大腿与上半身成 90 度，双脚离地。双手持一药球（哑铃或杠铃片）于身前，也可从徒手相握开始。

Step2. 身体向右侧旋转，同时双手持药球至右髋位置。

视频演示

Step3. 回旋身体至左侧，双手持药球至左髋位置。两侧交替进行，完成规定次数。

跨步-过顶扔球

跨步-过顶扔球是一项以核心训练为主的全身性训练。在扔球的过程中，利用下肢肌肉来产生必要的地面反冲力，通过腹肌的传导，转化为上肢的力量将球扔出。该锻炼方式所激活的肌群对网球运动十分重要。

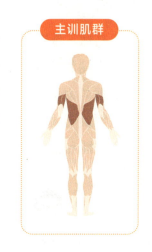

主训肌群

Step1. 双手持一药球于胸前，自然站立，抬头挺胸，双脚与肩同宽。

Step2. 前跨一步，收紧核心肌群，双手举球过头顶。

Step3. 快速伸直双臂，大力将药球扔出。

视频演示

平板卧推

截击技巧往往伴随着推的动作，主要运用到胸肌，特别是胸大肌与前锯肌。无论是哪种击球，适度的推力都可以保护上半身肌肉。特别是在位置不佳或需击打高位球时，运动员下半身的发力受限，上半身往往需要发出更大的力量去完成动作。平板卧推就如截击的一个慢动作解析版，有助于熟练运用截击技巧并预防运动伤害。

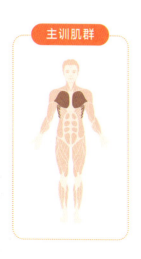

主训肌群

Step1. 平躺在训练椅上，双脚踩在地面，双手握住杠铃，握距与肩等宽，两臂伸直上举。

Step2. 曲肘，吸气，慢慢地放低杠铃，收紧胸肌及肩部前方肌群，至杠铃靠近胸部。

视频演示

Step3. 呼气，收紧胸肌发力，向上举起杠铃，伸直双臂。重复上述动作。每组 3 ~ 6 次，完成规定组数。

更多训练

第068页 杠铃－深蹲

　　杠铃－深蹲训练有助于强化臀部肌肉和腿部肌肉，这些肌肉支撑着球员奔跑、转向时的蹬地与着地等腿部动作。

第089页 俯卧撑

　　在网球运动的击球技术中，特别是正手球与发球，会用到胸肌，该动作有助于提高击球技术。

跳箱是一个理想的增强式训练，能增强
腿部爆发力，提高变向能力和发球水平。

第107页 跳箱

哑铃前平举有助于锻炼肩部肌肉，增强肩
部的灵活性和稳定性，以提升网球技术。

第086页 哑铃前平举

跨步-旋转扔球是一个模拟击球的动作，
在增强肌肉耐力的同时，也能增加发球时的
爆发力。

第077页 跨步－旋转扔球

营养需求

蛋白质需要分解成氨基酸才能被身体利用，这一过程通常需要数小时。在力量训练后，身体对蛋白质的需求量会激增，如果蛋白质摄入不足，可能会导致肌肉力量下降，进而影响网球运动员的运动表现。因此，网球运动员应在训练前后适当加餐，确保摄入足够的蛋白质。

碳水化合物摄入不足不仅会削弱运动表现，还可能导致中枢神经系统的疲劳。因此，网球运动员需要通过食用富含碳水化合物的食物来确保能量的储备。同时，应注意控制脂肪的摄入量。由于脂肪是一种难以消化且热量密度高的食物，过量摄入容易导致体内脂肪积累。摄入过多的脂肪可能会对网球运动员的体能和健康造成不利影响。

在网球运动中，关键的维生素包括 B 族维生素、维生素 C 和维生素 E。B 族维生素能促进丙酮酸的氧化，减少体内乳酸的积累，是将碳水化合物、蛋白质和脂类转化为能量的重要成分；维生素 C 能够增强身体的有氧代谢能力，促进铁的吸收，预防运动性贫血，帮助蛋白质合成，并减轻疲劳，从而使网球运动员维持最佳表现；维生素 E 作为一种抗氧化剂，有助于运动员在长时间的耐力训练和比赛中减轻肌肉疲劳，促进蛋白质合成，并改善肌肉的血液供应。

重点营养素	蛋白质、碳水化合物、维生素 C、维生素 E、B 族维生素
食物来源	鸡胸肉、糙米、口蘑、竹荪、苦瓜、牛奶

美味饮食巧搭配

西芹拌鸡丝

材料：鸡胸肉、西芹各100克。

调料：干辣椒10克，淀粉3克，
　　　　葱白5克，白醋8克，
　　　　盐3克，味精1克，香
　　　　油10克，植物油3克。

做法：1.西芹、鸡胸肉、干辣
　　　　椒、葱白均洗净，切成
　　　　丝备用。

2.锅置火上，加入水烧沸，下入西芹丝焯熟、过凉，沥干水分；鸡
胸肉丝拌淀粉后焯熟，捞出，沥干水分。

3.净锅置火上，加入油烧热，浇在辣椒丝上，把鸡胸肉丝、西芹丝、
葱白丝放在上面，再加入剩余的调料拌匀即可。

五色糙米饭

材料：糙米50克，薏米50克，
　　　　玉米粒10克，红枣3枚，
　　　　花生10克。

做法：1.将糙米、薏米、花生
　　　　分别洗净，冷水浸泡4
　　　　小时。

2.红枣去核，切成小块。

3.把糙米、薏米、玉米粒、

红枣块和花生放入电饭煲中，搅拌均匀，加水煮30分钟即可。

口蘑竹荪汤

材料： 竹荪100克，口蘑100克，绿叶菜（小白菜）少许。

调料： 鸡汤、盐各适量。

做法： 1.竹荪、口蘑洗净，放入清水中浸透。

2.竹荪放入开水中汆一下，除去异味，捞出后切成3厘米左右的长段；口蘑切成薄片；绿叶菜（小白菜）洗净，汆烫一下。

3.鸡汤入锅置火上，加盐，用大火烧开。

4.放入汆熟的绿叶菜（小白菜）、竹荪、口蘑片。

5.煮开后，装入汤碗，加盐调味可。

苦瓜胡萝卜

材料： 苦瓜500克，胡萝卜100克。

调料： 盐3克，味精2克，葱油20克，香油10克。

做法： 1.苦瓜洗净，切成长条；胡萝卜去皮，洗净，切成长条。

2.将苦瓜条和胡萝卜条放入沸水中焯熟后，捞出，沥干水分，晾凉，一起装盘码好。

3.把盐、味精、葱油、香油一起放入碗中，搅匀成调味汁，淋在苦瓜条和胡萝卜条上，拌匀即可。

牛奶布丁

材料： 牛奶250毫升，鸡蛋2个。

调料： 白糖少许。

做法： 1.牛奶倒入小锅中，加入白糖，用小火加热至白糖溶化。

2.牛奶晾凉，将鸡蛋打散，倒入牛奶中，搅拌均匀。

3.蛋奶液用过滤网筛两遍，倒入容器中，包好保鲜膜，用牙签在保鲜膜上面扎小孔。

4.锅中加水烧开，上蒸笼，大火蒸20分钟即可。

第五章
羽毛球体能训练与饮食

运动项目概述

在亚洲地区，羽毛球运动深受广大民众喜爱。随着羽毛球运动的发展，技术研究日趋成熟，技术透明度日益提升，运动员间的技术差距在逐渐变小。相应地，体能素质的重要性越发凸显，其成为决定羽毛球比赛胜负的关键要素。

羽毛球属于以技术为导向、隔网对抗性的运动。研究显示，一场比赛中，回合时间为 6 ~ 13 秒，每回合拍数为 7 ~ 12 拍，回合间的间歇时长为 17 ~ 45 秒。运动员需要在短时间内不停地切换启动击球和等待迎球的模式，使得该项运动具备高强度、短间歇的特征。

力量

挥拍击球是体现运动员力量的过程。通常，一场比赛会持续30 ~ 90 分钟，运动员移动距离合计超过 3000 米。比赛期间，运动员需要保证击球的力度，让

球拥有理想的速度和落点，才能保证战术成功。因此，肌肉力量和耐力是羽毛球运动员需要具备的重要身体素质。

速度

羽毛球活动的场地约 35 平方米，移动范围虽然不大，但比赛中，羽毛球具有很快的飞行速度，需要运动员快速移动到相应的位置进行击球。高频次且快速的移动需要运动员具备优秀的速度能力。

灵敏性

据统计，比赛过程中，运动员移动次数约 500 次，并伴随不同的体位变换。运动员需要朝各个方向移动迎球，并能准确判断球的落点，及时击回。这就要求他们具备极佳的灵敏性。训练中，可结合羽毛球的步法进行专项练习。

爆发力

爆发力是羽毛球运动员很重要的身体素质。运动过程中，运动员快速启动身体、跨跳、蹬跑、跳起挥拍杀球、抽球等动作，都需要良好的爆发力作为支撑。训练时，可结合羽毛球的运动方式进行快速伸缩复合训练。

日常体能训练

哑铃－高脚杯深蹲

哑铃－高脚杯深蹲有助于锻炼下肢力量，要求膝关节不超过脚尖。训练初期，可先不持哑铃，熟练后，再手持哑铃，根据自身情况，逐渐增加哑铃重量。哑铃重量可选 10 ~ 15 千克，每组 10 ~ 12 次，进行 2 ~ 3 组。

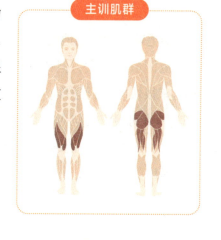

主训肌群

Step1. 双脚大于肩宽站立，脚尖微向外旋转。双手于胸前握住哑铃一端。

Step2. 收紧核心肌群，屈曲髋关节和双膝，缓慢下蹲，直到大腿与地面平行。下蹲期间，保持背部平直，脚尖不要超过膝盖。

视频演示

Step3. 伸髋伸膝，保持躯干平直，恢复起始姿势。运动全程，目视前方。完成规定次数。

侧弓步

侧弓步主要锻炼股内侧肌，这部分肌肉平时使用的机会不多，缺少锻炼，就容易变得紧绷。进行羽毛球运动时，运动员移动频繁，并需要经常跨步至两侧接球，提升大腿内侧肌肉的柔韧性和力量，有助于降低跌倒和腹股沟拉伤的风险。

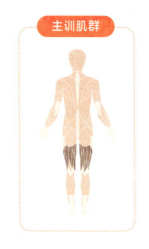

主训肌群

Step1. 自然站立，双脚与肩同宽，两臂垂落于身体两侧，抬头挺胸，目视前方。

Step2. 一侧腿向旁边跨出一大步，同时屈髋屈膝，另一侧腿伸直。双手握拳，掌心相对于胸前。

视频演示

Step3. 恢复起始姿势。换另一侧重复相同动作，两侧轮流进行，完成规定次数。

迷你带－跪撑髋外展

　　迷你带－跪撑髋外展能有效锻炼臀部肌肉。羽毛球运动中，上网、网前回蹬、网前制动等技术都涉及蹬步动作，而臀部肌肉有力量会让动作更稳定。本训练建议每侧 10 ~ 12 次，进行 2 ~ 3 组。

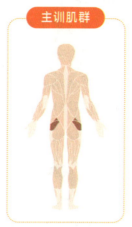

主训肌群

Step1. 跪姿，俯身，双手撑地，与肩同宽，两臂伸直；两脚分开与肩同宽，迷你带固定于膝盖上方；头部与身体平直，目视垫面。

视频演示

Step2. 呼气，一侧腿外展，吸气，恢复起始姿势。伸展髋的过程中，上半身保持稳定，背部始终平直。换另一侧做相同动作。

迷你带－臀桥

　　迷你带－臀桥能有效锻炼臀部肌肉。羽毛球运动中，上网、网前回蹬、网前制动等动作都涉及蹬步，臀部肌肉有力量会让动作更稳定。本训练建议每侧 10 ~ 12 次，进行 2 ~ 3 组。熟练后，可提高难度，将一侧腿抬起，单腿支撑身体。还可以单腿支撑身体，一侧髋部外展。

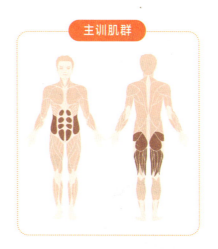

主训肌群

Step1. 仰卧姿，身体平躺，双脚着地，双腿屈膝，两臂放在身体两侧贴于垫面上，迷你带固定于膝盖上方。

Step2. 吸气，腹部收紧，腰部上提，背部平直，直至膝部到肩部成一条直线，肩部紧贴垫面。

视频演示

Step3. 呼气，恢复起始动作。完成规定次数。

原地纵跳

原地纵跳主要锻炼身体的爆发力，增强肌肉弹性，有助于运动员跳起杀球技术的稳定与提高。建议每组训练10~15次，进行2~3组。

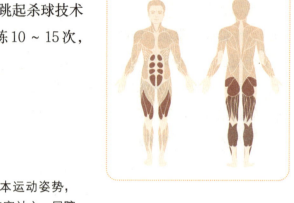

主训肌群

Step1. 基本运动姿势，双脚大于肩宽站立，屈髋屈膝，两臂在身后伸直。

Step2. 双脚蹬地发力，向上跳起，双手迅速向前上方摆动的同时伸展全身，身体自然伸直腾空。

视频演示

Step3. 稳稳落地，屈髋屈膝，两臂后摆，恢复起始姿势。

负重跳跃

　　负重跳跃主要锻炼身体的爆发力，通过负重，使下肢传导到上肢的力量更强，提升运动员的跳跃能力和平衡性。比赛中，运动员有时会跳起来进行杀球，该动作有助于杀球技术的稳定与提高。此外，还可以练习负重向前跳跃。建议每组训练 10 ~ 15 次，进行 2 ~ 3 组。

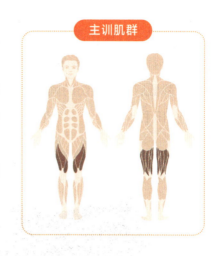

主训肌群

Step1. 双脚大于肩宽站立，双手持一杠铃片于胸前，收紧核心肌群,屈髋屈膝下蹲。

Step2. 双脚蹬地发力，伸髋伸膝向上跳起，双腿伸直腾空，上半身不动。

视频演示

Step3. 稳稳落地，屈髋屈膝，再次跳起,重复上述动作，完成规定次数。

俯卧 -YTW

俯卧 -YTW 主要训练肩关节的稳定性与灵活性,有益于增加肩关节的力量,增强对肩关节的保护,降低肩关节损伤的风险。训练时,每一步骤持续10 ~ 15秒,进行 2 ~ 3组。

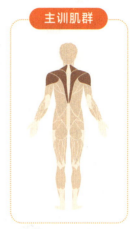

主训肌群

Step1. 俯卧姿,双脚与肩同宽。脸朝下,身体成一条直线。开始"Y"动作:两臂微抬与垫面平行,前伸外展 45 度,此时双手握拳,大拇指竖起,身体看起来像字母"Y"。

Step2. 然后进行"T"动作:核心持续收紧,两臂后移,与肩成一条直线,手势不变,身体看起来像字母"T"。

视频演示

Step3. 最后进行"W"动作:两臂屈曲,肩胛骨夹紧,大臂贴近身体,身体看起来像字母"W"。恢复起始姿势。重复上述步骤,完成规定次数。

瑞士球 – 平板

　　瑞士球 – 平板是平板支撑的进阶训练，两臂支撑在不稳定的球面上，增加了身体的不稳定性，对核心肌群和肩胛周围肌群的力量要求更高。强大的核心肌群能够更有效地传递力量，有助于运动员在击球时发挥出更大的力量。

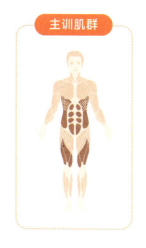

主训肌群

　　跪姿，两臂屈肘，小臂置于身前的瑞士球上。双脚向后伸直，脚尖踩地，与两臂配合将身体撑起，收紧核心、臀部、腿部肌肉，使身体成一条直线。持续 30 ~ 60 秒。

其他视角

视频演示

瑞士球－腹部收缩

瑞士球－腹部收缩是核心力量的突破提高训练。它有益于提升运动员挥拍技术的稳定性和速度，特别是运动员向前移动时，保证启动动作的稳定性。进行起始动作时，需要身体具有很好的平衡性，抬髋时核心肌群能够得到更多的挑战。训练时，尽量保持动作的流畅性。

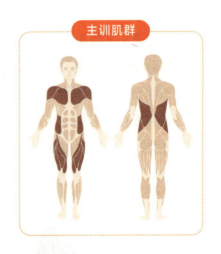

主训肌群

Step1. 俯卧姿，双脚与小腿搭在瑞士球上，与两臂一起支撑身体，两臂伸直与肩同宽，身体成一条直线。

Step2. 屈髋，将瑞士球慢慢向前滚动。过程中，背部平直，双腿伸直，髋部尽可能地抬高。

视频演示

Step3. 伸髋，缓缓将瑞士球往后滚动，恢复起始姿势。每组 10 ~ 12 次，完成规定组数。

BOSU 球 – 半蹲 + 药球

　　BOSU 球 – 半蹲 + 药球有助于增强腿部和臀部肌肉的力量，使运动员在跳起击球的过程中具备更大的爆发力，在落地时更稳定地开展后续动作。此外，该动作在深蹲的基础上增加了不稳定性，增强了运动员的核心稳定性，有助于提升技术表现。可从徒手训练开始，逐渐增加难度。

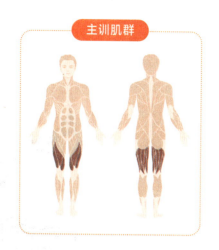
主训肌群

Step1. BOSU 球曲面朝下，双手持一药球于身前，双脚大于肩宽站立在 BOSU 球底盘上，脚尖微向外旋。

Step2. 收紧核心肌群，屈曲髋关节和双膝至半蹲，两臂向前伸直。下蹲期间，保持背部平直，脚尖不要超过膝盖。然后伸髋伸膝，保持躯干平直，恢复起始姿势。运动全程，目视前方。每组 10 ~ 12 次，完成规定组数。

视频演示

更多训练

第091页 侧桥－抬腿

侧桥－抬腿是侧桥的变式，增加了针对髋关节的训练，可以增强腰部肌肉力量，有益于羽毛球运动的转体动作，降低肌肉损伤的风险。

第070页 哑铃－箭步蹲

哑铃－箭步蹲有助于增强臀部和腿部肌肉的力量，提高运动员的启动能力。

第117页 药球 – 俄罗斯转体

　　药球 – 俄罗斯转体是俄罗斯转体的进阶动作，若以不同的旋转速度进行此训练，更有助于锻炼核心肌群的力量。该训练有益于运动员在挥拍时的转体动作，提升挥拍技术的稳定性和速度。训练时每边做 20 次。

第071页 提踵

　　跳跃能力是羽毛球运动员击球技术中必备的能力，尤其在跳杀时。提踵能增强腓肠肌、比目鱼肌和跟腱的力量，有助于球员跳得更高。

139

营养需求

糖原的储备量直接关系到运动员的运动表现和受伤风险。缺乏足够的磷酸肌酸和糖原，羽毛球运动员将难以执行需要肌肉爆发力的跳跃动作。在高强度的运动中，糖原不足可能会削弱身体对运动的控制和调整能力，增加运动损伤的可能性。羽毛球运动员应保证碳水化合物的适量摄入，以确保身体有足够的糖原储备，维持身体能量。

力量是羽毛球训练中至关重要的一环，缺乏蛋白质会导致体力下降、疲劳感增加，进而影响训练时的运动表现，因此，运动员需要确保摄入充足的蛋白质，维持肌肉生长和修复。

维生素 C 和维生素 E 都是强大的抗氧化剂，它们能够中和自由基并减少脂肪氧化，这对于缓解羽毛球运动后的疲劳感至关重要。B 族维生素对于维持运动性能同样重要，缺乏时可能导致运动表现下降，表现为力量减弱、疲劳感增加和肌无力。对羽毛球运动员而言，运动前补充适当的维生素有助于促进身体的代谢过程，提升竞技状态；运动后补充维生素则有助于加速疲劳感的消除，加快恢复速度，帮助运动员达到最佳的竞技状态。

在羽毛球运动中，由于大量出汗，身体对钾、钠、镁等矿物质的需求随之增加，尤其是对钾和钠的需求更为显著，因此，补充这些矿物质至关重要。在运动前后摄入富含矿物质的食物或饮料，有助于维持运动表现、减轻疲劳感。

重点营养素	碳水化合物、蛋白质、维生素 C、维生素 E、B 族维生素及钠和钾
食物来源	荞麦、鲫鱼、猪瘦肉、核桃、芥蓝、柠檬

美味饮食巧搭配

荞麦蒸饺

材料： 荞麦面400克，西葫芦250克，鸡蛋2个，虾仁80克。

调料： 盐5克，味精3克，五香粉5克，姜末5克，葱末6克。

做法： 1.荞麦面加水和成面团，下剂擀成面皮。

2.虾仁洗净、剁碎；鸡蛋打散，入锅炒熟；西葫芦洗净、切丝，用盐腌一下。将全部材料加入盐、味精、五香粉、姜末、葱末，搅拌成馅。

3.取面皮包入适量馅料，捏成饺子形，入锅蒸约8分钟至熟即可。

清蒸鲫鱼

材料： 鲫鱼1条，青、红椒各50克，魔芋50克。

调料： 食盐、酱油各适量，油3克。

做法： 1.鲫鱼处理干净后撒上食盐、酱油略腌；青、红椒和魔芋洗净、切丝，摆在鱼身上。

2.蒸锅放水烧沸，放入鲫鱼、青红椒丝和魔芋丝，蒸15分钟出锅。

3.油倒入炒锅，烧热后淋在鱼上即可。

姜丝炒肉

材料： 猪肉50克，嫩姜1个。

调料： 淀粉、生抽、盐、油、料酒各适量。

做法： 1.猪肉、嫩姜洗净、切丝。

2.在姜丝中加入料酒、少量淀粉、生抽和盐腌渍10分钟。

3.油锅烧热，将生姜丝放进去，翻炒至姜丝微微变软，将猪肉丝倒进去，稍微翻炒，加盐即可。

白灼芥蓝

材料： 芥蓝200克。

调料： 红彩椒、葱、姜、蒜、生抽、盐、植物油各适量。

做法： 1.芥蓝洗净、切段后焯熟，摆盘。

2.将红彩椒切丝，葱、姜切丝，蒜切末。

3.锅内放植物油，将葱丝、姜丝、蒜末、红彩椒丝倒入锅中爆香，再放入生抽、盐调味。

4.将调味汁倒在芥蓝上即可。

柠檬鸡翅

材料： 鸡翅300克，柠檬半个。

调料： 姜、油、蚝油、生抽、料酒各适量，盐、冰糖少许。

做法： 1.柠檬、姜分别洗净、切片。

2.锅中加水烧开，放入鸡翅，加入料酒焯水2分钟。捞起洗净后擦干水分。

3.锅中加油烧热，将鸡翅放入锅中，煎至两面金黄，放入盐、生抽、耗油、姜片，翻炒上色。

4.锅中加入适量清水，放入柠檬片、冰糖，大火烧开后转小火焖至收汁即可。

第六章
跑步体能训练与饮食

运动项目概述

如同行走一样，跑步似乎是人类与生俱来的能力。跑步的形式有很多种，有依赖爆发力的短距离冲刺跑，也有考验耐力的长跑。特别是跑步达人热衷参与的"马拉松"，其赛事遍布全球，每场比赛都能吸引成千上万的跑步爱好者齐聚一堂，场面颇为壮观。跑步可以说是最经济、最方便的运动项目，但如果想要跑得健康、安全、有效率，科学的训练必不可少。

心肺耐力

长跑是一项身体长时间、长距离处于有氧状态的运动。人开始跑步后，因运动强度突然变大，人体需要吸入大量的氧气给身体提供能量，容易产生呼吸困难的现象。据监测，跑步 10 分钟左右，当吸入的氧气满足了运动强度，这种呼吸困难的状态会慢慢消失。最大摄氧量（VO_2max）是评价心肺耐力的有效指标，据研究，顶尖的成人长跑运动员的最大摄氧量能达到每分钟 75 ~ 85 毫升 / 千克。在长距离耐力型的比赛项目中，运动员需要依靠身体的有氧代谢系统进行能量供给，有氧运动能力是决定长跑成绩的关键因素。因此，提高最大摄氧量，增强心肺耐力，有助于运动员跑得更轻松、更快速。

力量和耐力

要想跑得快、跑得久，跑步者的基础力量训练必不可少，如腿部、核心力量的强化训练。相比于需要身体碰撞的运动，长跑选手更需要耐力，过多的重型力量练习反而会对上半身的部分肌肉施加额外的压力，所以跑步者无须特意追求大块壮实的肌肉。低阻力配合高重复性的训练模式有助于跑步者在强化肌肉力量的

同时增强耐力。此外，若想在比赛中取得好成绩，速度训练也是必不可少的。跑步者可选择冲刺跑、双脚跳等快速伸缩复合训练。

柔韧性

跑步过程中，跑步者的四肢基本是在一个平面上活动，虽然跑步者的动作不复杂，但长期进行长距离的跑步，跑步者的腘绳肌、小腿肌、屈髋肌等肌群容易被强化，并处于紧绷状态，当跑步者在训练或比赛中需要切换不

同的动作和速度时，肌肉容易产生拉伤和撕裂。因此，跑步者可以通过拉伸训练，缓解肌肉紧张，激活关节的灵活性，预防伤痛。

日常体能训练

哑铃 – 罗马尼亚硬拉

　　哑铃辅助下的罗马尼亚硬拉是一项针对大腿区域，尤其是着重锻炼腘绳肌与臀大肌的高效训练动作。保持股四头肌与腘绳肌之间的力量均衡，对跑步运动非常重要，也能降低对人体的伤害。

主训肌群

Step2. 屈髋屈膝缓慢下蹲，俯身，骨盆后移，哑铃沿着腿部下降至双脚前中间位置，感觉腘绳肌发力，吸气。背部始终保持平直。

Step1. 双脚与肩等宽自然站立，双手握哑铃一端，自然垂落于大腿前，收紧核心肌肉，背部平直。

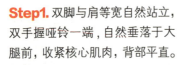
视频演示

Step3. 收紧臀肌，发力起身，伸直双腿，呼气。重复 8 ~ 12 次。

迷你带－侧步

迷你带－侧步是一个简单的髋关节外展运动,使用迷你带增加了一定的趣味性。它能有效锻炼髋部肌肉,有助于维持骨盆的平衡。侧步移动时,避免身体朝一侧倾斜。

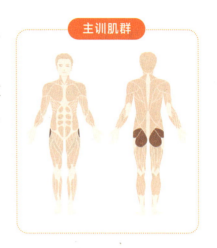

主训肌群

Step1. 双脚与肩等宽自然站立,将迷你带固定于脚踝处。

Step2. 屈髋屈膝,双手叉腰,身体微微前俯。

视频演示

Step3. 抬起一侧脚,尽可能地跨一大步,然后另一侧脚内收,双脚缓慢且对抗迷你带的阻力侧行。做1～3组,每组重复8～12次。换另一个方向重复8～12次。

瑞士球 – 靠墙下蹲

　　瑞士球 – 靠墙下蹲是一项不稳定训练，加大了股四头肌和腘绳肌的训练强度，有助于提高跑步者的速度并增强耐力。若做无球靠墙下蹲，则主要是训练股四头肌、臀部肌肉和小腿肌群，有助于增强腿部肌肉力量，也可强化长距离跑步的耐力。

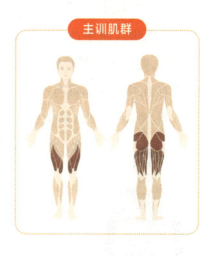

主训肌群

Step1. 将瑞士球固定在墙壁和肩背部之间，双脚与髋部等宽，稍微往前站。两臂向前伸直平举。

Step2. 慢慢地屈髋屈膝，下蹲成坐姿。瑞士球同时向下滚动。保持10秒，然后缓慢起身，恢复起始姿势。运动全程，目视前方。每组10~15次，完成规定组数。

视频演示

平板支撑

平板支撑有助于强化核心肌群。跑步时，强健的核心肌群可使跑步者保持骨盆和脊柱稳定。跑步时，保持身体动作的稳定，才能提高跑步效率并降低受伤风险。

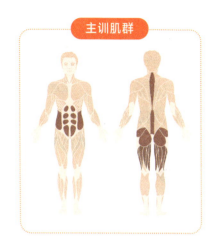

主训肌群

俯身，双臂曲肘，上臂紧贴垫面撑地，与肩同宽；背部平直，腹部肌肉收紧；双脚并拢，脚尖支撑于垫面。

视频演示

弓步压肘

　　弓步压肘帮助跑步者在跑前和跑后进行充分的拉伸。这个拉伸动作既有动态拉伸，又有静态拉伸，主要锻炼屈髋肌群、大腿后侧肌肉、臀部肌肉、腹股沟肌肉、肩背部肌肉、胸部肌肉和腹部肌肉。

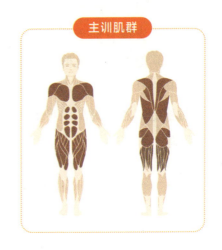

主训肌群

Step1. 自然站立，两脚分开与肩同宽，抬头挺胸，双手垂落于身体两侧，目视前方。

Step2. 一侧腿屈膝向前跨一大步，俯身，双手撑地。后侧腿伸直，脚尖踮地。

Step3. 然后屈膝腿对侧手单手撑地，同侧手臂曲肘，下压肩部。

Step4. 下压的手臂外展，向上伸直，转头看向指尖，两臂成一条直线。

Step5. 向上的手臂收回，两手撑地，然后随上半身逐渐后移，至前侧腿伸直，脚跟撑地，后侧腿屈曲，脚尖撑地。

Step6. 上半身再次前移，前侧腿再次屈膝约90度，后侧腿伸直，同时双手举过头顶，两臂伸直。最后双手收回撑地，前侧腿后撤，身体按照原路恢复起始姿势。

视频演示

更多训练

第070页 哑铃－箭步蹲

　　哑铃－箭步蹲能更有效地锻炼臀部和腿部肌肉，有助于提高跑步者的跑步速度，降低受伤风险。

第114页 深蹲

　　深蹲训练可增强腿部和足部肌肉，提高跑步者的平衡力，提升身体协调性。

第 072 页 猎犬式

猎犬式可增强脊柱的稳定性，有助于保持良好的跑步姿势。

第 102 页 瑞士球－俯卧撑

瑞士球－俯卧撑主要锻炼胸部、肩部、肱三头肌及核心肌群，有助于跑步者在跑步过程中有效地维持身体的平衡。

第 117 页 药球－俄罗斯转体

药球－俄罗斯转体有助于锻炼核心肌群的力量，保持脊柱的稳定性，为四肢的运动打下基础。

营养需求

短跑

碳水化合物是短跑运动者的重要能量来源。在训练前后，适量摄入碳水化合物能够迅速补充能量，增强运动表现。建议选择全麦面包、燕麦片和米饭等食物作为碳水化合物的来源。

短跑要求在极短的时间内达到最大速度，需要运动者有较好的爆发力和敏捷性。短跑会使得身体对蛋白质的需求增加，因此，蛋白质对短跑运动者极为重要，适量增加蛋白质的摄入量，能够增加肌肉力量、预防运动性贫血，有助于身体机能的调节。

短跑训练中，运动者通过出汗等方式排出的矿物质增多，容易导致体内钙、铁、锌、钾、钠等矿物质的减少，从而影响人体正常的机能。特别是钙和镁，它们对于强化骨骼、保持神经肌肉功能的正常活动以及预防运动过程中的手足抽搐都具有关键作用，应及时补充。

运动使人体物质代谢和能量代谢加快，组织更新加快，维生素的消耗增多。同时，运动过程中人体可能会产生过多的自由基。维生素C、维生素E等抗氧化物质能够有效清除过量的自由基。

重点营养素	碳水化合物、蛋白质、维生素C、维生素E以及钙、镁
食物来源	玉米面、鹌鹑蛋、小白菜、虾米、苋菜、杏仁

长跑

长跑训练会消耗大量能量，运动期间运动者体内激素水平上升，新陈代谢加速，且运动后新陈代谢不会立即回落至平常状态，而是在一段时间内保持较高水平，因此，人体需要得到额外的能量补充。

对定期进行长跑运动的人来说，饮食应包含较为全面的营养素，以增强身体的能量储备。在维生素和矿物质的摄入上，应加强铁、钙、磷、钠以及 B 族维生素、维生素 C 和维生素 E 的补充，这些营养素有助于提升人体耐力和缓解疲劳。

长跑训练中糖类物质的大量消耗，容易导致疲劳，因此，饮食中应包含足够的碳水化合物，以增加体内的糖原储备。增加糖原储备的策略是以淀粉类食品为主，并配合适量的蛋白质和铁质摄入，以保持血红蛋白水平。避免过量摄入蛋白质，过多的蛋白质会增加肝脏和肾脏的负担，可能对人体产生不利影响。可以适当增加脂肪的摄入量，但总量应控制在摄入食物总热量的 20% 左右，以确保营养均衡。

重点营养素	碳水化合物、蛋白质（适量）、维生素 C、维生素 E、B 族维生素以及钙、铁
食物来源	绿豆、鲈鱼、鸭肉、黑豆、荠菜、猪肝

美味饮食巧搭配

绿豆饼

材料： 绿豆200克，面粉300克。

调料： 白糖30克，酵母5克，油适量。

做法： 1.绿豆泡水至膨胀，沥干水分后放入锅中，加入清水，以大火煮沸，再转小火续煮40分钟至绿豆完全软烂。

2.在绿豆中加入白糖，小火熬至水干后，将绿豆碾碎成馅料，备用。

3.将面粉、酵母混合后，加水，揉成光滑的面团，等待面团发酵。

4.醒好的面团分成若干等份，将每个面团都压扁并放上适量绿豆馅，收口，揉成圆团后压成饼状。

5.锅中放入少许油烧热，将绿豆饼放入锅中，煎至两面金黄即可。

虾米烧腐竹

材料： 腐竹100克，虾米30克，西葫芦条50克，木耳20克。

调料： 葱、姜、蒜各5克，精盐、鸡精、胡椒粉、香油各1/2小匙，水淀粉1小匙，植物油2大匙。

做法： 1.腐竹泡发，用沸水焯烫一下，捞出沥干。

2.木耳放入温水中泡发，浸洗干净，撕成小朵。

3.锅中加植物油烧热，放入葱、姜、蒜、虾米炒香，再放入腐竹，加入精盐、鸡精、胡椒粉及适量清水略焖，然后放入西葫芦条、木耳翻炒均匀，用水淀粉勾芡，淋入香油即成。

香薰鹌鹑蛋

材料： 鹌鹑蛋500克。

调料： 茶叶15克，大米100克，红糖适量。

做法： 1.将鹌鹑蛋洗净后放入锅中煮熟。

2.将煮好的鹌鹑蛋放入凉水中过两遍，剥去蛋壳。

3.在锅中垫一张锡纸，放上茶叶、大米和红糖。

4.锅中放上蒸屉，将鹌鹑蛋放入蒸屉中，盖上锅盖。开大火蒸，起烟后改小火，熏一两分钟，待鹌鹑蛋上色即可。

双椒鸭丁

材料： 青、红柿子椒各 25 克，
鸭肉 250 克。

调料： 葱花、盐、鸡精各适量，
植物油 3 克。

做法： 1. 鸭肉洗净，切丁，用
沸水焯烫一下，备用；
青、红柿子椒削去蒂及
籽，切块。

2. 锅中倒入植物油烧至七成热，下葱花炒出香味，放入鸭肉丁翻炒
至变白，加入适量水焖熟，放入青、红柿子椒块炒熟，用盐和鸡精
调味即可。

玄参炖猪肝

材料： 猪肝 500 克，玄参 15 克。

调料： 油、葱、生姜、酱油、
料酒各适量。

做法： 1. 将猪肝洗净，与玄参
同放锅内，加适量水，
煮 1 小时。

2. 捞出猪肝，切成片；
葱洗净、切碎；生姜洗净、切片。

3. 锅内加油，放入葱、姜爆香，再放猪肝片翻炒。

4. 酱油、料酒及适量清水放入锅中，稍炖至猪肝入味即可。

附 录

常见运动营养问题解答

如何通过营养干预来应对运动性贫血？

运动性贫血是由于运动训练的生理负荷过大，导致血液中红细胞数和/或血红蛋白量低于正常值范围的现象。其常见症状为头晕、视物模糊、乏力、易疲劳、心跳加速和呼吸急促等，对青少年的影响尤为严重，不仅影响其身心健康，还可能阻碍其正常的生长发育。

针对因运动量过大而引起的红细胞破坏增多，建议降低运动频率，合理规划训练强度，防止身体过度疲劳。同时，在确保营养充足的前提下，增加抗氧化物质的摄入，比如增加维生素 A、维生素 C、维生素 E 的补充，多吃含有锌、硒和 $\omega-3$ 脂肪酸的食物；摄入磷脂类物质以维护细胞膜的完整性；补充苹果酸、磷酸果糖等以支持红细胞的能量代谢。

对于营养缺乏引起的贫血，通常是因为在减肥运动过程中，生成红细胞和合成血红蛋白所需的物质供应不足。建议选择营养密度高的食物，在膳食中提供充足的蛋白质、铁、维生素 B_{12}、维生素 C 和叶酸等。

通过合理的营养干预，可以有效改善运动性贫血的症状，促进身体健康。

有氧运动与无氧运动，哪种更利于减脂？

实际上，无论是有氧运动还是无氧运动，都能有效帮助减少体脂。身体在消耗能量时，自然会动用脂肪储备。不过，这两种运动在消耗能量的阶段有所区别。

有氧运动主要在运动过程中消耗能量，而无氧运动不仅在运动过程中消耗能量，运动结束后还会继续消耗能量，并降低能量转化为脂肪的可能性。因此，从能量消耗的视角来看，无氧运动和有氧运动在促进脂肪消耗方面效果相当。

一些人担心无氧运动会让腿部变粗或肩膀变宽，实际上这种担忧是不必要的。虽然无氧运动确实能够促进肌肉增长，但要练出大块肌肉并非易事，需要进行大量训练才能够达到。而且，随着肌肉量的增加，基础代谢率也会提升，从而帮助身体消耗更多能量，这反而有利于减脂。

有氧运动

在日常生活中，我们可以将无氧运动和有氧运动结合起来，以实现更优的减脂效果。通常建议先进行无氧运动，紧接着进行有氧运动。无氧运动主要是利用肌肉中储存的糖原来提供即时能量，而有氧运动

无氧运动

则更多地依赖脂肪的氧化来产生能量。先进行无氧运动来使用掉体内的糖原储备，随后的有氧运动就能更直接地消耗脂肪储备，从而更高效地减脂。

如何挑选合适的运动营养食品？

运动营养食品是为满足人体在运动期间特殊营养需求而设计的特殊膳食，适用于运动员、长时间或高强度训练的运动爱好者，如马拉松、铁人三项、游泳和健身爱好者。这类食品可以根据补充类型分为蛋白质补充类、能量控制类和能量补充类，也可以根据运动类型分为运动后恢复类、耐力类和速度力量类。目前，我国常见的运动营养食品原料包括果糖、乳清蛋白、大豆多肽、支链氨基酸、肌酸、谷氨酰胺、麦芽低聚糖等。

肌酸是一种在肉类食品中天然存在的物质，它与磷酸合成的磷酸肌酸是人体主要的能量物质之一。补充肌酸有助于提升运动表现和加速训练后的恢复；乳清蛋白是从牛奶中提取的，通过现代工艺生产，其易消化，具有高代谢率和高有效利用率，水解后能迅速被人体吸收，并提供大量人体必需氨基酸；增重粉和增肌粉是一类高热量的营养补充产品，主要成分包括碳水化合物、蛋白质、维生素和微量元素，有些产品还添加了肌酸、谷氨酰胺、支链氨基酸、肉碱等，旨在全面补充运动所需的营养素；谷氨酰胺能够增加肌肉细胞的体积、促进肌肉蛋白和糖原的合成，因此，在运动前或运动后补充谷氨酰胺有助于促进人体蛋白质合成，增加肌肉的体积和力量。

此外，我们经常提到的氮泵是指一种复合型补充剂，不同品牌的产品配方不同，但大多数氮泵产品都含有肌酸、咖啡因、精氨酸、牛磺酸等成分。然而，长期使用氮泵等复合健身补充剂的安全性还需要进一步研究。

实际上，并非所有参与体育活动的人都需要额外补充运动营养食品，大多数人通过合理选择普通食品就足够获得所需要的营养。运动前可以通过食用香蕉来快速补充能量，搭配燕麦和坚果提供持久能量。运动后，可以食用白肉、豆类、乳制品等优质蛋白，以及富含维生素、矿物质和抗氧

化剂的水果和蔬菜，以帮助肌肉生长和身体恢复。

普通人在判断是否需要使用补充剂时，应首先考虑运动强度，如果强度不高、消耗不大，盲目补充可能会带来不良反应。应根据自己的目的，如增肌、减脂或提高耐力等，来选择适当的运动营养食品。在难以自行判断的情况下，应遵循医师或营养师的建议。

如何正确补充电解质？

正确补充电解质是指在适当的时间以适当的量补充身体所需的矿物质，以维持体液中电解质平衡。通过均衡膳食来补充电解质是一种最自然且健康的途径。通常情况下，推荐通过食物补充电解质，如食用香蕉、菠菜等可以增加钾的摄入；食用牛奶、豆制品、鱼虾等食物则有助于钙的摄入；而深绿色的叶菜和坚果则是镁的良好来源。

在进行长时间或高强度的运动时，由于出汗，人体会流失大量的水分和电解质。在这种情况下，可以补充含有电解质的运动饮料，以预防脱水和电解质紊乱。运动饮料通常含有钾、钠等电解质以及糖和维生素，有助于补充钠和钾，并维持身体的水分平衡。个人的电解质补充量应根据出汗量来调整。出汗较多时，需要补充的电解质就更多。但过量补充电解质可能会给肾脏带来负担。因此，我们不能完全依赖电解质补充剂和运动饮料来补充电解质，天然食物仍然是补充电解质的最佳选择。

如何选择蛋白粉？

蛋白粉通常是由提炼的大豆蛋白、酪蛋白、乳清蛋白或由这些蛋白质的混合粉末制成，其可以为缺乏蛋白质的个体补充蛋白质。

在植物蛋白中，大豆蛋白是最佳选择，是素食者和乳糖不耐者良好的

动物蛋白的替代品。大豆蛋白含有人
体所需的 8 种必需氨基酸，除了蛋氨
酸含量较低，其他必需氨基酸的含量
都相当充足。但大豆蛋白的消化速度
较慢，更适合在餐后或日常饮食中食
用。另外，其口感较为粗糙，通常需
要与其他食材混合食用。

蛋白粉

在动物蛋白中，乳清蛋白是最为常见的。它是一种高质量的人体蛋白
质补充剂，由乳清经过分离、浓缩和干燥等工艺制成，具有较高营养价值
和良好的吸收利用率。

酪蛋白是一种牛奶蛋白，但其作用速度较慢。与乳清蛋白相比，酪蛋
白的消化和吸收过程需要更长的时间，其效果也不如乳清蛋白。有研究表
明，在连续 10 周的时间里，两组受试者每天分别摄入 1.5 克 / 千克体重的
乳清蛋白及酪蛋白，摄入乳清蛋白的受试者在力量和肌肉增长方面的表现
明显优于酪蛋白组。

因此，当人们考虑蛋白粉时，乳清蛋白往往是他们的首选。